JN236770

新学習指導要領対応

「言語力」を育てる授業づくり

小学校

梶田 叡一【編著】
甲斐 睦朗

図書文化

　　　　　　　まえがき

　言葉の力はあらゆる知的活動における武器である。
　人と人とのコミュニケーションに際して言葉が基本的な道具になること
は，あらためて言うまでもない。しかし，そのコミュニケーションの土台
となる一人ひとりの認識も思考も判断も，言葉の力を抜きにしては成り立
たない。だからこそ，あらゆる領域での学習活動が，言葉の力という基盤
の確立なしには，着実で力強いものにならないのである。
　今回の学習指導要領の改訂で，各教科・領域における〈確かな学力〉育
成の取り組みの重点ポイントとして特に言葉の力が強調されたのは，こう
した理由によっている。
　では，具体的に，各学校においては，どのようにして言葉の力の育成の
強化を図ったらよいのであろうか。当然のことながら，最も基礎になるも
のとしては，学校生活の全体を挙げて，広範囲の読書や新聞に目を通すこ
となどの習慣化を図ることである。何よりもまず，言語体験が日常生活の
中に豊かに存在しなくてはならないからである。そして，授業について言
えば，まさに言葉の力を育成するための教科である国語科において，従来
以上の工夫が必要となるはずである。さらに，国語以外の教科・領域にお
いても，言葉の力を育て活用するという視点から，授業のあり方について
新たな気持ちで工夫し，取り組んでいかなければならない。少なくとも以
下の諸点を，どの教科・領域の場合にも十分に留意する必要があるのでは
ないだろうか。
　(1)　多くの言葉を知り，語彙を増やすことが大事であると奨励すること
　(2)　キーワードとなる言葉・概念を選び出してきちんと理解させること

(3) その教科・領域にかかわる名句・名文を暗記させること
(4) 書いてまとめる活動を（ワークシートやノートで）多くやらせること
(5) テキストに書かれていることに対応した着実な読み取りをさせること
(6) 話し書く場合，はっきりした結論を示し，論理と論拠を明確にするよう指導すること

　こうした諸点については，本書の各章において，具体的な実践の姿とともに述べられているので，十分に参照していただきたい。
　今回の学習指導要領の改訂によって，日本の教師と学校が，父母をはじめとした社会全体の信頼と尊敬を受ける存在に立ち返る，ということが期待されている。この期待は，あらためて言うまでもなく，一人ひとりの子どもに学校教育ならではの〈確かな学力〉を実現することによってしか現実のものにならない。日本の教育界が長い年月をかけて積み重ねてきたものを十分に踏まえつつ，こうした新しい方向に向かっての実践的取り組みを進めていきたいものである。

　平成21年7月

　　　　　　　　　　　　　　　　編者を代表して　　梶田 叡一

目　次　「言語力」を育てる授業づくり・小学校

第1部　言語力育成の基本的な考え方

1　新しい学習指導要領と「言葉の力」………………… 梶田叡一　　8
2　言語力を育成するとは ……………………………… 甲斐睦朗　 20
3　「言葉の力」を育てる授業づくり ………………… 加藤　明　 34

第2部　各教科・領域で育てる言語力の考え方と実践

〈国語科で育てる言語力〉
4　言語力と活用力を育てる授業改善 ………………… 尾崎靖二　 42
5　「話すこと・聞くこと」の指導を通して育てる言語力… 邑上裕子　 54
6　「書くこと」で育てる言語力 ……………………… 青山由紀　 64
7　文学的文章の指導を通して育てる言語力 ………… 松木正子　 74
8　論理的説明的文章の指導を通して育てる言語力 ……… 吉川芳則　 84
9　豊かなことばを土台に総合的な言語力を育てる ……… 棚橋尚子　 94
10　言語事項の指導を通して育てる言語力 ………… 輿水かおり　104

〈各教科・領域で育てる言語力〉
11　社会科で育てる言語力 ……………………………… 岩田一彦　114
12　算数科で育てる言語力 ……………………………… 清水静海　130
13　理科で育てる言語力 ………… 角屋重樹・寺本貴啓・木下博義　146

14	生活科で育てる言語力	松田智子	*162*
15	音楽科で育てる言語力	髙倉弘光	*168*
16	図画工作科で育てる言語力	郡司明子	*174*
17	家庭科で育てる言語力	流田　直	*180*
18	体育科で育てる言語力	栗原知子	*186*
19	道徳で育てる言語力	塚本憲子	*192*
20	外国語活動で育てる言語力	高橋美由紀	*198*
21	総合的な学習の時間で育てる言語力	森田和良	*216*
22	特別活動で育てる言語力	新富康央	*222*

第3部　本書の読み方：実践に生かすためのガイド

23	実践に生かす考え方：本書全体の結びとして	甲斐睦朗	*230*

執筆者一覧　*237*

第 *1* 部

言語力育成の基本的な考え方

1

新しい学習指導要領と「言葉の力」

「言葉の力」を基盤とした「確かな学力」,「確かな学力」を基盤とした「生きる力」の育成をはかる。

.... 梶田叡一　兵庫教育大学学長

❶　新しい学習指導要領で育成すべき言語力

　一人ひとりの子どもに責任を持って「力」をつけ，その子なりの「育ち」を実現する教育に取り組んでいくことが，今や強く期待されている。今回の学習指導要領改訂は，こうした責任ある着実な教育の実現を目指すものであった。
　新しい学習指導要領の内容的な重点としては，理数系学力，伝統文化，英語力，道徳教育，という4本柱があるが，それらを含め全ての教科・領域にわたる教育の基礎となるものとして，「言葉の力」の育成が強調されている。これを別の面から言えば，新しい学習指導要領の目指すものは，「確かな学力」を基盤とした「生きる力」の育成であり，「確かな学力」のためには「言葉の力」がその基盤としして重視されなければならないのである。このため，小中学校の国語科の時数増は当然のこととして，全ての教科・領域の教育活動において，特に「言葉の力」の育成を念頭に置かね

ばならないとされている。

(1) 国語科を中心に育成すべき「言葉の力」

2008年1月17日に提出された中教審答申「幼稚園，小学校，中学校，高等学校及び特別支援学校の学習指導要領等の改善について」においては，国語科での学習指導について，具体的な目標が，次のように示されている。

① 言葉を通して的確に理解（する能力の育成）
② 論理的に思考し表現する能力（の育成）
③ 互いの立場や考えを尊重して言葉で伝え合う能力（の育成）
④ 我が国の言語文化に触れて感性や情緒をはぐくむこと

そして，特に次のような言語活動が必要であるとされている。

① 語彙を豊かにし，知識・技能を活用する学習活動を行うこと。教科書を，このような視点にたって工夫すること。特に国語科においては，言語の果たしている役割に応じた適切な教材を取り上げること。
② 読書活動を推進すること。小学校では日常的に読書に親しむような指導を，中学校では読書をより豊かなものにするような指導を，といったように発達段階に応じた目標を明確化すること。読書習慣の確立に当たっては家庭の役割が大きいので，学校，家庭，地域を通じた読書活動の充実を図ること。
③ 学校図書館の活用や学校における言語環境の整備をはかること。辞書，新聞の活用や図書館の利用について指導すること，様々なメディアの働きを理解し，適切に利用する能力を高めること。

(2) 各教科・領域の指導において念頭に置かれるべき活動

この上に立って，次のような形での言語活動の充実が考えられるとされるのである。

① 知的活動の基盤となる言語力として重視すべきもの
・観察・実験や社会見学のレポートにおいて、視点を明確にして、観察したり見学したりした事象の差異点や共通点をとらえて記録・報告する（理科、社会等）
・比較や分類、関連付けといった考えるための技法、帰納的な考え方や演繹的な考え方などを活用して説明する（算数・理科、理科等）
・仮説を立てて観察・実験を行い、その結果を評価し、まとめて表現する（理科等）など

② コミュニケーションや感性・情緒の基盤となる言語力として重視すべきもの
・体験から感じ取ったことを言葉や歌、絵、身体などを使って表現する（音楽、図画工作、美術、体育等）
・体験活動を振り返り、そこから学んだことを記述する（生活、特別活動等）
・合唱や合奏、球技やダンスなどの集団的活動や身体表現などを通じて他者と伝え合ったり、共感したりする（音楽、体育等）
・体験したことや調べたことをまとめ、発表し合う（家庭、技術・家庭、特別活動、総合的な学習の時間等）
・討論・討議などにより、意見の異なる人を説得したり、協同的に議論して集団としての意見をまとめたりする（道徳、特別活動等）

　学習指導要領の目指すこうした基本的方向性を、関係者皆で常に確認していきたいものである。

(3) 特に重視されるべき言語活動とは

　さて、こうした中で、国語科でも、またそれ以外の教科・領域であっても、少なくとも以下のような活動なり指導なりが今後一層重視されなくてはならなくなるのではないだろうか。先に挙げたところとの一部重複もあ

るが、ここにまず大事な点のみを挙げておくことにしたい。

① 大事な用語や概念、記号をきちんと理解し使えるようになること

どの教科でも、そこでの学習を進めていく上で鍵となるような重要性を持つ用語等が存在する。これらについて、きちんとその意味するところを指導し、理解させ、覚えさせ、活用できるところまで学習させなくてはならない。これは各教科における「言葉の力」の育成のうち最も基礎的な意味を持つものである。

② 傾聴の態度と能力を育てること

じっと他の人の話に耳を傾けることは、大人でもそう容易なことでない。まして子どもの頃は、競って発言したがるか、自分の世界に閉じこもるかであって、他の子どもの言うことの中身をきちんと聞き取り、それについて自分なりに考えてみる、ということはなかなかできない。粘り強い傾聴が可能になるよう、機会をとらえて指導していかねばならないであろう。

③ 相互に嚙み合った話し合いの仕方を学ぶこと

多くの子どもが次々に発言する、というのが話し合いではない。他の発言をきちんと聞き取り、それに対して賛成・反対を、さらには条件付きの、あるいは部分的な賛成・反対を、自分なりの理由を付けて発言し、またそれを聞いた人がそれに対して同様な形で自分なりの発言をし、という形で進展していくものでなくてはならない。さらに望ましくは、そうした発言のキャッチボールを通じて、互いの合意できる地点を模索し、その方向に向けて話し合いを進めていけるようになってほしいものである。

④ 発表あるいはプレゼンテーションの仕方を学ぶこと

口頭で、あるいはパワーポイントなどの機器を使って、他の人たちに納得してもらえるよう、自分の調べた結果や自分の企画、考え方などを発表できるようにすることは、現代社会で必須の能力である。資料の準備と構成など発表の前の指導、そして発表を聞いている側の理解度や感想をフィードバックしての指導、時には途中での割り込み指導も必要となるであろ

う。

　⑤　資料・教材の読み取りの力をつけること
　文学的な意味での読み取りだけでなく，実務的な意味での読み取りができるようにならなくてはならない。つまり，読み手の受け止め方と書き手の意図の推測，という読み取りだけでなく，テキストそのものに即して，特にそこでの主要データやキーワードに留意して，的確に情報を読み取っていく，という作業ができるようになってほしいものである。
　⑥　記録・報告文（メモ・レポート等）作成の仕方を学ぶこと
　記録したり報告したりすべき素材を的確にとらえて表現すること，またそこでの事実・想定・意味づけ等の吟味をすることの指導が必要である。報告文については，構成や結論づけの仕方等について，またそこで用いられる主要概念を明確にするよう指導しなければならない。理科や社会，総合的な学習の時間は，このための主要な学習の場となるであろうが，他の機会をも活用して，こうした力がついていくよう指導していくべきであろう。

❷　「日本語の力」が日本の子どもにとって持つ意義

　ところで，日本の子どもたちにとっての「言語力」とは，何よりもまず「日本語の力」である。このことは，少なくとも次の四つの点から確認しておく必要があるであろう。
　(1)　母語として
　(2)　コミュニケーション技能として
　(3)　日本の文化伝統を体現するものとして
　(4)　個々人を精神的に呪縛・解放・鼓舞するものとして
　国語教育を日本語教育に読み替えていこうという主張が根強くあるが，こうした意義を考えてみるなら，そう簡単に賛成するわけにはいかない。

1 新しい学習指導要領と「言葉の力」

日本の子どもにとっての国語とは，単なるコミュニケーションの道具(2)でなく，その意味で英語や仏語や中国語等々と並べられる意味での日本語ではない。このことは，特に，母語という意味(1)を，そして精神的呪縛等という意味(4)を考えてみるなら，さらには，それらと分かちがたく結合している日本の文化伝統の体現という意味(3)を考えてみるなら，明々白々ではないだろうか。

(1) 母語としての日本語：感性や認識，思考や判断の基盤を形成

母語とは，人が乳幼児期から周囲の人（特に母親）の用いる言葉を耳にしながら少しずつそれに習熟し，その言葉によって周囲の人との相互活動を徐々に発達させていく，といった経過を通じて習得する言語のことである。この意味において，母語はその人にとって最初の言語であると同時に基盤的な言語であり，そうした母語の体系を通じて初めて，人は自らの感性や認識，思考や判断の基盤を形成していくことになる。

例えばカナダのツンドラ地帯に生活するイヌイットは，雪の状態を識別する言葉を何十と持っているのに，日本語ではほんの少ししかない。したがって，イヌイットは雪の状態についてより詳細な感覚を持って大きくなるのに対して，日本人の場合には雪の状態についてきわめて大まかな感覚しか育たないことになる。また日本語では，「青」という言葉で，伝統的に，緑や藍，水色などを一括して示してきた。このため「交通信号が青になったら渡りましょう（信号の色は本当は緑であることが多いが）」といった言い方が現在でもよくなされるのである。このために，日本人は大人になっても，青と緑を区別しないで認識していることが多い。

このように，母語の語彙の体系がそれを用いる人たちの感性や認識の面での基盤となっていることは，もっと重視されてよいであろう。日本語の場合，どういう面については詳細な区別が言葉によって与えられているのに，どの面については区別が粗略で一括した言葉を与えられがちか，とい

った点なども，長い年月の間の日本人の生活様式の反映として学ばせていく必要があるのではないだろうか。

　認識の基盤としての言葉を考える時，我々の外的世界にしても内的世界にしても，感覚されたものは言葉によってカテゴリー化され，概念化され，それによってはじめて認識が成立する，ということを忘れてはならない。この場合のカテゴリーとか概念を暗黙の内に準備しているのが母語の体系なのである。

　最近の多くの若い人たちは語彙が少ないと言われるが，語彙が貧しくてはきめ細かな認識を成立させることはできない。何を見ても，ポジティブな反応としては「カワイイ！」で済まし，ネガティブな反応としては「ウザイ！」で済ますとすれば，単純で二値的な認識しか成立しようがないのである。三島由紀夫が若い頃，暇さえあれば辞書を繰って語彙を増やす努力をしていたという話を，十分に参考としてよいのではないだろうか。

　コージブスキーやハヤカワの『一般意味論』から言えば，内外の世界そのものは「現地」として考えられるのに対し，それがコトバ化（ロゴス化）され，認識となったものが「地図」ということになる。「現地」ができるだけ精密かつ歪みのない形で「地図」に反映されるためには，つまり私達の認識世界ができるだけ正確かつ妥当な形で成立するためには，語彙もレトリックも含め，母語を基盤とした言葉の力に俟たなくてはならない。

　思考もまた言葉を用いて，通常は母語を通じて，初めて可能になる。そして，課題追究や問題解決といった活動も思考抜きには考えられない。そして思考を問題にしていくならば，その根底となる概念や論理の学習をどうするか，が大きな課題とならざるをえない。さらに，思考といっても収束的なものだけでなく拡散的なものまであることを考えるならば，類推や類比，外挿，連想などの学習をどうするか，ということまで念頭に置かなくてはならないであろう。

　「読む」こと「書く」ことが強い強制力を伴う思考という性格を持つと

するなら，思考にとって，言い換えるなら自己とのコミュニケーション（自己内対話）にとって，こうした活動が特に重要な課題となることは明らかである。文章や発言の筋道をきちんと読み取ること，筋道を通した発表ができること，論理的な文章が書けること，といったことが収束的思考の力をつけるためには不可欠である。同時に，一つの言葉なり概念なりからどのくらい多くのことを思い浮かべるか，ここまでの資料なり記述なりを延長してどのように考えるか，一見異なったものの間の類似性にどのように気付くか，といった拡散的思考に関わる活動の積み重ねも大切になるであろう。

(2) 記録とコミュニケーションの道具としての日本語

　伝達の道具としての言葉については，国語教育の世界で現在においても数多くの論考や実践が提出され続けてきた。ここでは従来あまり触れられてこなかった2点についてのみ少し述べておきたい。

　まず第一は，記録の道具としての言語という点に着目するということである。情報の蓄積を個々の人の頭の中でやる（記憶）だけでは不十分なので，どうしても個体の外部に情報の蓄積（外部記憶）をしていくことになる。これによって，人の活用する情報量は飛躍的に増大することになる。コミュニケーションの基礎に，こうした言語記録のあることが多いことは，あらためて言うまでもないであろう。

　記録には図表もあり，映像もあり，音声記録もあるが，その主要な部分は言語による情報である。言葉を用いた記録は簡にして要を尽くすものでなくてはならない。このためには「書く」ことを重視し，その指導の中で少なくとも4W1H（誰が・何処で・何時・何故・どのように）の入った的確な記録が作れるよう練習させなくてはならないであろう。また，「読む」ことについても，数多くの記録の中から何を選択し，どう読み取り，どう意味づけて受け止めるか，という読解指導が重要になるのではないで

あろうか。

　もう一つ，コミュニケーションということで，人が少なくとも「内的自己」「意識世界」「提示された自己（自己表出）」という三層構造を通じて他の人に対する表現を行っていることに着目することの重要性を指摘しておきたい。「内的自己」とは，その人自身の心の中核となっている感性や基本的志向性，さらには実感・納得・本音の部分であり，当人には必ずしも意識化されていない。「意識世界」はその人の意識の拡がりの中にある世界であり，その人にとっての現象世界と呼べるものである。そして「提示された自己」とは，その人が，自分自身の役割関係を基盤とし，その場や相手に応じる形で表出する言動であり，その人のその場での社会的立場が大きく関わってくる。

　このような三層構造に着目するならば，人が他の人の話すことを聞いたり，書いたものを読んだりする場合，どの水準まで考慮して読み取るか，ということが大きな問題とならざるをえなくなる。言い換えるならば，言葉として表現されているものが，その人の立場なり社会的役割なりをどの程度まで反映したものであるのか，そこにその人の「意識世界」はどのように関わっているのか，またそこにその人の「内面世界」はどのような形で顔をのぞかせているのか，ということである。たとえ「私の願いは……」という文章があったとしても，それを単純に，その人の「意識世界」の純粋な形での表出，として見るわけにはいかない場合もあるのである。かつて，モーリス・ブランショが，『文学空間』として，「詠み手の空間」「書き手の空間」「テキストの空間」を区別したのも，このことに関わりを持っているのではないであろうか。

(3) 「文化の創造と継承」の道具として

　言葉は先人の創り上げ積み重ねてきた文化の継承の道具であり，またその上に立って新たな文化を創造していくための道具である。このことを特

に国語教育の関係者は重く受け止めていかなければならないであろう。古典の学習を含め，文化としての言葉の学習ということを，十分に念頭に置くべきなのである。

「文化的伝統の教育」は，新しい教育基本法の「教育の目標」の第5項に，

　　——伝統と文化を尊重し，それらをはぐくんできた我が国と郷土を愛するとともに，他国を尊重し，国際社会の平和と発展に寄与する態度を養うこと

とあるところを踏まえて考えられることになる。ちなみに，民主党が対案として国会に提出した日本国教育基本法案においても，前文の結びの部分に，以下に示すような形で，政府案の場合とほぼ同趣旨の表現が置かれている。

　　——日本を愛する心を涵養し，先祖を敬い，子孫に思いをいたし，伝統，文化，芸術を尊び，学術の振興に努め，他国や他文化を理解し，新たな文明の創造を希求する

日本の文化や伝統を学校教育の中で重視するということは，今や政治的な対立を越えた国民共通の願いと言ってよいのである。

「文化的伝統の教育」のためには，言葉で構成された記録や詩歌，物語や評論等の文化的所産に対して，これまで以上の関心が持たれなくてはならない。これと同時に，言葉そのものが一つの文化的伝統であるという視点からの取り組みが不可欠となるであろう。この意味で，新しい学習指導要領において小学校段階から国語科の教科書に古典を載せていこう，という方向づけがなされたのは，「文化的伝統の教育」と「言葉の力」を表裏一体のものとして実現していこうという志向の一つの具体化として，重要な意味を持つものではないだろうか。

古典から学ばせたいものは，何よりもまず，各時代の日本語の持つ優れた「調べ（調子）」である。これは繰り返し音読させることによって，実感的に把握させる以外にない。その上で，用いられている語の意味や文章の組み立てを学ばせたいものである。

　例えば「平家物語」の冒頭に，「祇園精舎の鐘の声」と具体的な描写が出てくるが，すぐに続けて「諸行無常の響きあり」と抽象的で原理的なものが提示される。さらに「沙羅双樹の花の色」と具体的描写があり，続けて「盛者必衰の理りを表す」と抽象的原理の提示となる。こうした具体と抽象を交互に畳掛けるように持ってくる文章作成の技巧など，十分に味わわせてよいものではないだろうか。

　さらには，古典の学習を通じて，日本語という言語体系そのものが日本の文化の象徴であることにも気づかせたいものである。例えば，日本語を用いた場合，なぜ主語を明示しないままで文章が続けられていくことが多いのか，である。英語のように常に［主語・述語］を明示する文章に慣れた人にとっては，日本語による表現がいかにも不完全なもののように思われるかもしれない。しかしこれは，日本人の基本的な認識様式が「述語主義」であるということの言語面での現れなのであって，何に付けても主語を想定しなくては気が済まないという欧米的な「主語重視主義」とは，世界に対する根本的な姿勢・態度が異なるのである。こうした点についても十分にどこかで考えさせたいものである。

(4)　精神的な「呪縛・解放・鼓舞」の道具として

　以上に述べてきた点に加えて，人の精神の呪縛や解放，鼓舞といった面において言葉が非常に重要な役割を果たしているということも，決して軽視されるべきではない。日本に伝統的な（現在においてもなおその残滓が見られる）言霊信仰も，この面から教育的に見直してみるべきであろう。また，俳句や短歌や詩といった韻文はもとより言語芸術の全体が，単なる

伝達を越え，精神そのものへの強い働き掛けの面を持つことに注目したいものである。また，TVや新聞・雑誌のコマーシャルが，さらには政治家や新興宗教の指導者らの大衆向けアピールが，どのような扇情的意味を持つものであるか，小学生や中学生の段階から，冷静かつ客観的な形で認識していくことも必要ではないだろうか。この面での教育が日本ではこれまでほとんど顧みられてこなかったということについては，強く反省してみなくてはならないであろう。

❸ 知性の土台となるものとしての「言葉（母語）の力」の意義の再確認を

以上にアウトラインを述べてきたところは，「言葉（母語）の力」が各人の知的働きにとって基盤的な意味を持つことの再確認に基づくものである。「言葉（母語）の力」こそが，各人の認識を，思考を，判断を支えるものであり，そうした基盤の上にたって初めて言葉が相互の伝え合いの力ともなるのである。「確かな学力」が「言葉の力」を基幹とするというのは，まさにこの意味からであると言ってよい。

生物分類学を創始したリンネが人間に付けた学名は「ホモ・サピエンス（知性人）」であった。人間をまさに人間たらしめているサピエンス（知性）の土台を担うものこそ「言葉（母語）の力」であると言っていいのである。「言葉の力」の持つこうした根源的意義についての理解を深めつつ，新しい学習指導要領において提起されたところを受け止めていきたいものである。

2 言語力を育成するとは

「国語力」「読解力」「言語力」の用語の違いを整理しつつ，国語科を中心に，新学習指導要領における言語力育成の考え方を述べる。

....　**甲斐睦朗**　国立国語研究所名誉所員

❶ 学校教育における国語科

「学校教育法」は第二章義務教育の第二十一条に「第五条第二項に規定する目的を実現するため，次に掲げる目標を達成するよう行われるものとする。」という条文に続けて全10項目を掲げている。その中間に掲げられている第五項を引用してみよう。（注：本稿が横書きであるため，以下の条文等における漢数字を算用数字に改める）

  5　読書に親しませ，生活に必要な国語を正しく理解し，使用する基礎的な能力を養うこと。

周知のように，この第5項は新しい学習指導要領の根本の一部をなしている。そこで，詳しく説明しておくと，まず文頭に「読書に親しませ（る）」ことが取り上げられている。これは，一か月間に図書を何冊読むかとか，全体で何ページに目を通すかというような冊数やページ数で表される目標でなく，日々の生活の中に読書に親しむ時間を確実に取り入れると

2　言語力を育成するとは

いうことである。テレビを日々視聴するのと同様に児童生徒が自らの傍に図書をおいて、日々読書を楽しむ、つまり、心を豊かにたくましく育むための糧とするということである。もうひとこと添えると、国語力、あるいは言語力の育成の出発点に読書があるということである。この読書については、「活字文化」に親しむことと言いかえることもできる。つまり、図書だけでなく新聞や雑誌なども広く包含する読書生活という意味である。

　続く「生活に必要な国語（を）」という表現の「生活」は、日常生活、すなわち、幼少期の家庭生活に始まり、成長するに伴って地域生活、交友生活に広がり、ボランティアなど社会生活にいたるという拡充が期待される。学年段階によって質量ともに高まるべき「生活」ということである。そこから「国語」の内容もまた質的に高まってくる。

　自分の考えや思いを伝えること、相手の考えや思いを聞く、そして、何らかの解決を求めるといった話合いが求められてくる。それが、「国語」に続けた「国語を<u>正しく理解し、使用する</u>基礎的な能力」の下線を施したとらえかたである。下線部について簡単な用語に言いかえるとすると「<u>伝え合う能力</u>」ということになる。「伝え合う能力」は相互に話し合うことによって相互に理解し合うと同時に何らかの生産的なものを生み出すという高度なコミュニケーション能力を表す用語である。

　最後に第5項目の結びに掲げられている「基礎的な能力」は大きく二つに分けて考える必要がある。その一つは「基礎的」を言語力の基礎として底部から支えるべき（能力）という意味でとらえる。すると、語彙にはじまり知識・情報に広がる、誰もが具備すべき国語の基盤的なものという意味になる。これは近年懸念されている、いわゆる「マナーの欠落」の問題にも通じる。生活の最も基礎的な能力としてのマナー（礼儀と言いかえてもよいが、生活と密接に結びつく生き方自体）を、まず家庭や地域、そして、学校で育成することの大切さを指摘している。次に、「基礎的な能力」の二つ目として、これを「活用的な能力」の意味でとらえるとすると、こ

れはまさに言語力ということになる。すなわち，生きるうえで何らかの問題を見出し，その解決のために，考えたり思ったりしてその成果を適切に表現する能力ということになる。

❷ 用語「国語力」「読解力」「言語力」の違い

前節で取り上げた学校教育法第21条第5項は，新学習指導要領の第1章総則の「第4　指導計画の作成等に当たって配慮すべき事項」の「2　以上のほか，次の事項に配慮するものとする」として掲げた全12項目中の最初の第1項で次のように具体的に表現されている。

(1)　各教科等の指導に当たっては，児童の思考力，判断力，表現力等をはぐくむ観点から，基礎的・基本的な知識及び技能の活用を図る学習活動を重視するとともに，言語に対する関心や理解を深め，言語に関する能力の育成を図る上で必要な言語環境を整え，児童の言語活動を充実すること。(小学校学習指導要領・第1章「総則」)

この本文は，「中学校学習指導要領」では，引用の二か所の「児童」が「生徒」に置きかえられているだけである。つまり，ここから，9年間におよぶ義務教育では，各教科等をあげて「思考力，判断力，表現力等」の育成を重視すべきことが指摘されているわけである。この下線を施した「思考力，判断力，表現力」は「言語力」という用語を具体的に説明した表現である。ここから，国語科としては，学校教育が全体として言語力の育成に努めるということから，その中核をなす教科として，これまでよりもいっそう言語力の育成に力を入れることが必要になってくる。

ところで，近年，学校教育でしばしば見聞きする用語に「国語力」「読解力」「言語力」などがある。これらの類義語が多用されるということは，これらで表されることばの力こそが現代社会に要求されているということである。それではどうしてこれらの類義語ができているのであろうか。実

は、それぞれは、いずれも必然性をもって特定の文脈の中で厳密に使用されたものであるが、結局、月日が経過して、それぞれが「ことばの力」で代表される広い意味を具備するようになると、用法や意味の違いがわかりにくくなる。そこで、まず、それら三つの用語の用法・意味の違いを説明してみよう。

　最初の「国語力」は何十年も前から使われている用語である。また、「読解力」という用語も同様に古くから使用されているが、現行の用語とは内容がまったく異なる意味である。大学入試に出題される読解問題に対処する付与の文章の読み取りの能力が従来の「読解力」で、近年の「読解力」は Reading Literacy の訳語として使用されている。それに対して、最初に掲げた「言語力」は、内容のうえでは「国語力」「読解力」と重なるところが小さくないが、言語活用能力に重点を置いた用語である。順に、それぞれを説明しておきたい。

❸　国語力の考え方

　国語力は、以前は「国語の力」「国語の能力」「国語能力」などの短縮した呼称で使われてきた。たとえば、1922（大正11）年に刊行されて百数十版を重ねつづけた垣内松三氏の『国語の力』の書名自体がまさに「国語力」を表している。近年では、文化審議会が平成16年2月に答申した「これからの時代に求められる国語力について」で改めて多角的に検討が加えられた。この答申は〈「これからの時代に求められる国語力」とはいかなる能力なのか〉という問題提起を出発点にすえている。というのは、現在の日本社会は、たとえば10年後にどのように展開・推移・変化しているかを推測することは極めて困難である。それどころか、5年後の日本社会を想像することさえ容易でない。そうなると、現在の義務教育期の児童生徒にどういう国語力を育てたらよいのかという切実な問題に対して、従前

の「国語の常識」的な考え方では対処しにくい。つまり、将来の日本の社会を背負っていくことになる今の児童生徒が身につけるべき国語の力についての正当な考えを設定することはどうしても必要なことである。過去の、あまり社会生活に変動がない時代はいわゆる「国語の常識」というものが定められていて、それらを系統的体系的に習得させればよいという側面が大きかった。ところが、展開・推移・変化の動向が捕捉できないほどに大幅でしかも急激に進展している現在の日本社会では、児童生徒に対して、どういう社会が到来しようとも、それに対処できる国語力を育成するという見方を採用することが大切になってくる。それが「生きる力」ということであり、自分のことばで考える、つまり、現前する社会状況などに対して自ら何らかの問題を見出し、その問題を解決するための資料を集め、検討を加え、整理統合して問題の解決を導き出すという一連の問題解決にかかわる「思考力」を何よりも優先させることである。また、その問題が人間のあり方にかかわる場合は「思う＝想像する」「感じる＝相手の痛みに同感できる」などの能力も必要である。そして、自ら思い・考えた内容を人に伝え、話し合うことで、よりいっそうよい成果に高めることも求められる。これはコミュニケーション能力ということになる。学習指導要領の「国語」の「目標」で指摘している「伝え合う能力」がそれである。以上、「感じる」「思う」については軽くしか取り上げていないが、理解力と表現力の二者を合わせた言語力の育成に努める必要があるわけである。

　文化審議会は上掲の答申で、一葉の図を提示している。それは、いわば一つの台形、または三角形でたとえるとわかりやすくなる。台形・三角形をそのどこかで真横に切って上下に二分する。そして、その下部を語彙や漢字や知識・情報などの豊かな蓄積層とみる。その奥行きや幅広さ、深さや弾力などはそれぞれどういう言語生活を過ごすかによって人によって違いをみせる。文化審議会は、日々新聞を読むことを含めた豊かな読書生活を勧めている。それは、上記の台形の底部を豊かにする確かな方策だから

2 言語力を育成するとは

① 考える力，想像する力，表す力から成る，言語を中心とした情報を処理・操作する領域
② 考える力や，表す力などを支え，その基盤となる「国語の知識」や「教養・価値観・感性等」の領域

国語力の構造を模式的に表した図

である。これは，現行の学習指導要領が時間数削減を受けた結果，いくらか気弱になって，下部の充実への言及を避けて，直接に上部の基礎基本の習得に向かおうとするのに対して，そうした国語科の基礎基本こそが日々の読書をはじめとする豊かな言語生活を前提とすることを明らかにしようとしたものということができる。

❹ 読解力の考え方

　日本の国語教育は，長年，たとえば大学入試の出題問題と密接にかかわりをもつ読解問題の解答能力を柱の一つとしてきた。これは，しかし，付与の文章の文脈的な読み取りを中心としている。そうした，一方では論理面，情意面で確かであると同時に，受動的にならざるをえない読みにかかわる「読解」という用語を一度，学習指導要領からはずす必要があるということで，平成10年の学習指導要領では同様の問題点を抱える「作文」とともに用語としての使用を控えた。その直後ということになるが，「PISAの読解力」の問題がクローズアップされてきたのである。

　OECDが2000年から実施しはじめたPISAの読解力は，日本の国語教育，ひいては学校教育全体に大きな衝撃を与えた。これまでの「読解」や「作文」などという用語の表す概念では，十分に対処しがたいことが判明したのであった。3年ごとに実施しているPISAの読解力を日本に定着させるには，第一に，学習者の実質的な意味での「主体性」の育成が大切で

あること，第二に，問題と向き合って資料を読み，自ら判断して自らの考えを書き表す能力が必須になってくる。ところが，従前の国語教育は教師の誘導による集団学習に偏りがちであった。いわゆる一問一答方式の授業ではこうした主体性を育てることに不向きである。40人が学ぶ学級では，40人の一人一人が主体的に判断できる学習を提供しなければならないことがわかったのである。学習者40人の一人一人に観察者を配置して，それぞれの学習者がいかにも主体的積極的に学習する姿を観察し記述できるような授業が求められるのである。

　平成19年4月から毎年実施されている全国学力調査（略称）は，戦後の学習指導要領の改訂に合わせて長年実施してきた教育課程実施状況調査を継承する方向性をもつ学力調査であって，こういう学力が育ってほしいという期待が込められている。すなわち，本来の国語の学力はいかにあるべきかが問題として提示されている。つまり，児童生徒の一人一人が，自ら考え，自ら判断して自分の考えを書き表すような出題になっている。そういう意味で言えば，全国のすべての地域・学校がそういう傾向の学力調査に応じるような授業を編み出してほしいものである。

　幸いにも「読解力」という用語は，従来の受け身に近い文脈的な読み取りの意味でなく，PISAの読解力として定着しつつある。この定着は，教室の一人一人の学習者を大切にする方向に是正することにも役立っているということができる。ただ，これで問題のすべてが解決されたわけではない。というのは，依然として大学入試をはじめとする「ふるい分け・ふるい落とし」を旨とする選考の場では，採点の都合上，従来型の試験問題が好まれているからである。

❺　言語力の考え方

　「言語力」は，中央教育審議会・教育課程部会に設けられた「言語力育

成協力者会議」でどのように育成すべきかが多角的に取り上げられた。同会議では，言語力は国語科が基本的な方向を提示するが，学校教育活動を挙げて言語力の育成に取り組むべきこととした。特に，内容教科である，算数・数学や理科の委員から，言語力の育成にも力を入れることに努めたいという積極的な発言もあった。ここから，逆に国語科のいっそうの責務が求められることになる。

　言語力の大切な一つの要素として，自ら考え・調べたことなどをまとめたうえで，相手にわかりやすく説明するということがある。たとえば理科の授業で観察した実験の結果について自らが所属する班，あるいは学級の友達に説明する必要がある。すでに友達の発表の後は，先の発表内容との違い，なぜ自分の発表内容がそうであるのかについての説明を加えなければならなくなる。

　ところで，その会議では，「メタ言語」「メタ認識」という用語が話題になった。「メタ言語」とはあることばについて説明するうえで使われることばという意味である。小学校一年下の教科書に載る教材「ものの名まえ」を取り上げてみよう。これは，上位語と下位語を取り上げた教材で，魚屋に行って「さかなを　ください。」と頼んだのを受けて，「おみせのおじさんは，『さかなじゃ　わからないよ。』とわらいながら　いいました。おじさんは，なぜ『わからないよ。』といったのでしょう。」と表現されている。つまり，上位語と下位語の関係を認める行為が「メタ認識」ということで，そこで使用されることばがメタ言語ということになる。そういう意味でいえば，国語科の授業はいつもメタ認識の育成に努めているということができるであろう。

　メタ言語・メタ認識という用語はまだ国語科の専門用語に位置づけられていない。しかし，これらの専門用語をきちんと位置づけることによって，辞書的意味や文脈的意味の学習に向かうことが容易になる。また，他の教科の定義や法則などをきちんと把握することにつながる。

言語力育成協力者会議では，結局，言語力の育成について，学校教育全体をあげて対処することが話し合われた。そして，国語科はその中核的な教科として位置づけられたのである。

❻ 国語科の目標

　新学習指導要領の「第1章　各教科」の「第1節　国語」の「目標」は，次のように言い表されている。ここでは小学校，中学校のそれぞれの「目標」を掲げてみよう。なお，この「目標」は，小・中学校ともに平成10年版と同一であって，わずかな語句の違いもない。ところが，この「目標」は，すでに取り上げた「総則」の第5項の条文，以下で検討する国語科の内容との兼ね合いで，その表す意味が異なってくる。
　　（小）国語を適切に表現し正確に理解する能力を育成し，伝え合う力を高めるとともに，思考力や想像力及び言語感覚を養い，国語に対する関心を深め国語を尊重する態度を育てる。
　　（中）国語を適切に表現し正確に理解する能力を育成し，伝え合う力を高めるとともに，思考力や想像力を養い言語感覚を<u>豊かにし</u>，国語に対する<u>認識</u>を深め国語を尊重する態度を育てる。

　ここに並べた各表現で明らかなように，小学校，中学校の目標は，ほぼ共通している。その中に中学校の目標には下線を施している2か所に学年段階による度合いの違いが表現されている。一つは「言語感覚」の育成の問題で，小学校の「養い」から中学校の「豊かに（する）」へ展開している。もう一つは先述のメタ言語・メタ認識力育成として国語に対処する姿勢・態度の問題で，小学校の「関心を深め」から中学校の「認識を深め」に展開している。
　この目標は，大きくは次に提示する三つの項目に区切ることができる。その3項目について順に検討しておきたい。

2 言語力を育成するとは

(1) 国語を適切に表現し正確に理解する能力を育成し，伝え合う力を高める
(2) 思考力や想像力及び言語感覚を養（う）
(3) 国語に対する関心を深め国語を尊重する態度を育てる

　この(1)は国語の基本的で円満な能力の育成を指摘している。一人の人間存在として具備すべきことばの力の育成を取り上げている。これはまた，いわゆるコミュニケーション能力の育成について述べたものということもできる。「適切に表現する能力」「正確に理解する能力」の育成によって，「伝え合う能力」の育成に向かう必要があるわけである。

　次に，(2)は「生きる力」の現れとしての一人一人の内面の言語活用能力の育成を問題にしている。たとえば，ある文章を読んだ場合，その文章によって一人一人がどういうことについてどのように考えたか，また，どういうことに思いをはせたかが何よりも重視される。思考力と想像力を並べている。冷静に論理を積み上げることと他者に温かな思いを向けることの両者を大切にすべきだということである。なお，「言語感覚」は先述のメタ認識力と強く結びついている。言語感覚は狭義としては，言葉に対する感覚，つまり，ある語句が新規であるか古風であるか，品格があるか下品な感じがするかなどの語感についての判断能力を意味するが，広くは話しぶりや書きぶりに関する多角的な判断力を表し，そこから，話し手，書き手に対する人格的な評価までの広がりを備えている。

　最後の(3)は，いわゆる国語愛の問題である。日本語ということばは，幾千年も昔からの日本列島の住人が日々の生活の中で紡ぎ出し，育んできたことばである。それらがまた，親から子に，つまり，先祖から子孫に継承されていく過程で，少しずつ肉付けされたり贅肉がそぎ落とされたりしながら民族のことばとして育ってきている。国語は日本人の在り方を如実に表す言語ということができる。ある語句を取り上げると，その語句の背後には日本人の生き方が込められているのである。そこで，そういう国語に

対する関心を抱き，愛着をもつことによって，後世に伝えていくという願いまでが表されている。それが，後述するが，新学習指導要領が新しく設けた〔伝統的な言語文化と国語の特質に関する事項〕の学習に関連することになる。

❼ 国語科のどこがどのように改訂されたか

新学習指導要領のどこがどのように書き改められたかについて，まず8項目に整理し，次にそれぞれについて簡単に説明してみよう。なお，国語科の目標は，すでに前節の最初に紹介したように，文字表記一字さえの変更もない。すっかり同一である。ところが，各学年の目標をはじめとして，その趣旨を一層明晰にする表現・語句が使用されている。

(1) 各学年の「Ⅰ　目標」の記述が「能力」という用語を用いて表されていること
(2) 「言語事項」の各事項を各領域に取り入れていること
(3) 「言語活動例」を各領域に掲げていること
(4) 音声言語では「伝え合う」，文字言語では「読み書き関連学習」が強調されていること
(5) 「伝統的な言語文化と国語の特質に関する事項」が新しく設けられたこと
(6) 小学校から古典，古文，漢文の学習が設けられたこと
(7) 「読むこと」では様々な文章を読んで自分の表現に役立てるようにすることが指摘されていること
(8) 教科書に振り仮名を付けて未習の漢字の使用ができるようにしたこと

以下，順にこれらについて説明を加えてみよう。

(1) **各学年の「Ⅰ　目標」の記述が「能力」という用語を用いていること**
　ここで，新旧の「目標」の違いについて，小学校の〔第一学年及び第二

学年〕の「1　目標」の(1)を例として掲げてみよう。

　（現）相手に応じ，経験したことなどについて，事柄の順序を考えながら話すことや，大事なことを落とさないように聞くことができるようにするとともに，話し合おうとする態度を育てる。

　（新）相手に応じ，身近なことなどについて，事柄の順序を考えながら<u>話す能力</u>，大事なことを落とさないように<u>聞く能力</u>，話題に沿って<u>話し合う能力</u>を身に付けさせるとともに，進んで話したり聞いたりしようとする態度を育てる。

　現行版と新版を読み比べると，新版は「書くこと」「読むこと」などについてすべて「能力」の育成を目標に掲げている。また，「話し合う」ことについては，低学年では「態度」を目標としているのに対して，新版では「態度」だけでなく「能力」をも問題にしている。つまり，新版では確かな学力の育成を目指しているのである。

(2)　「言語事項」の各事項が各領域に取り入れられていること

　現行の学習指導要領は「話すこと・聞くこと」「書くこと」「読むこと」の三つの領域と「言語事項」で構成されているから，一般に，全体の領域構成を「三領域一事項」と略称してきた。この略称は，わかりやすいという利点があるが，実は，三領域のそれぞれと「言語事項」が並列的な関係にあるという誤解を与えることがあった。すなわち，多くの人が並列的にとらえる習慣をもつために「言語事項」を特別視しがちであった。

　たとえば，各県や市郡などの国語研究会では一般に次のような分科会を設ける傾向がある。「書くことの分科会」「文学教材の分科会」「説明文教材の分科会」「言語事項に関する分科会」がそれである。問題は，その「言語事項に関する分科会」が置かれているために，他の各領域の分科会が言語事項的な検討から免除されていることである。すなわち，たとえば文学教材の分科会では「言語事項」とは別の課題があるべきだという見方を是としてきたのである。今回，「言語事項」の各項目をそれぞれの領域

に取り入れたことで各領域の学習がより言語的に改善されるであろう。
(3) **「言語活動例」を各領域に掲げていること**
　現行版は「3　内容の取扱い」の(1)に各領域に一例ずつの「言語活動例」をまとめて掲げている。ところが，新版では，「2　内容」の各領域の(2)に「(1)に示す事項については，たとえば，次のような言語活動を通して指導するものとする」として，3～6例の「言語活動例」を掲げている。これらの言語活動例の提示によって，授業の質を高め，その幅を広げようとしている。この言語活動例は，第一に，小中学校全6段階の能力表に関係していること，第二に，「話すこと・聞くこと」「書くこと」「読むこと」の各言語活動例がそれぞれ有機的に結びつけられていることがある。すなわち，ある領域の一つの言語活動例は他の学年段階と展開的に結びついていること，また，別の領域でも同じ言語活動例が用意されているということである。
(4) **音声言語では「伝え合う学習」，文字言語では「読み書き関連学習」が指示されていること**
　実は，学習指導要領の改訂の会合では，「話すこと・聞くこと」「書くこと」「読むこと」という三つの領域自体の再構成を試みようとした。こうした領域を撤廃して別の見方で柱を立てることができないかが検討されたのである。この再構成的な考えの正当性，必要性はおおむね認められたところであったが，そうした各領域を通して求められるものは何かという意味での新しい考えを確立することが懸案として残された。「読み書き関連学習」は，ある目的を達成するために何を読みどういうことを書くのか，また，その課題について考えをまとめるためにどういう他の文章を読むとよいのかという検討が必要になる。新学習指導要領はそうした見方で一新されているのである。
(5) **「伝統的な言語文化と国語の特質に関する事項」が新設されたこと**
　日本列島の住人が幾千年，幾百年もかけて築いてきた言語文化を確かに

継承することは現代を生きる者にとって大切な課題である。そこで、新版では「伝統的な言語文化と国語の特質に関する事項」が新設された。たとえば狂言や歌舞伎などのように現在に続く言語文化の享受を大切にしたいというのがその意図である。

(6) **小学校から古典，古文，漢文の学習が設けられたこと**

これまで中学校以上で学習していた古典の学習を小学校から実施することに改善している。古典は古文と漢文である。日本に脈々と伝えられてきたリズムや想像力を朗読や暗唱によって体得させようとするのである。

(7) **「読むこと」では様々な文章を読んで自分の表現に役立てることが指摘されていること**

社会生活では各種の文章を多様な目的のうえで読むことになる。そこで，多様な文章を読んだり，複数の文章を読み比べたりすることによって，その考えを理解する必要がある。その読みが各自の書く能力の向上に役立つことになる。

(8) **教科書に振り仮名を付けて未習の漢字の使用ができるようにしたこと**

漢字の読み書き能力が高い学校は読書の質量が優れているという成果が報告されている。これまでは未習の漢字には少数に限って振り仮名を付けて提出できるようにしていたが，これからは，その制限を緩和しようとするのである。

❽ まとめ

いよいよ新学習指導要領の移行期に入っている。教育現場では，すべての教師が旧来の一問一答式の指導法から脱却し，この新しい考え方を十分に理解・実施するようにしたいものである。

3 「言葉の力」を育てる授業づくり

話す，聞く，書く，読むの技能だけでなく，それを支える基盤としての知識・経験，論理的思考，感性・情緒等を単元計画に組み込む。

……………………………加藤　明　京都ノートルダム女子大学教授

❶ 授業づくりにおける「言葉の力」及びその育成の位置づけ

(1) 技能面だけでなく，基盤の育成と相まってこそ

　「言葉の力」育成を授業づくりにおいて考えるにあたり，重要な提言は，次のものである。

- 言語力は，知識と経験，論理的思考，感性・情緒等を基盤として，自らの考えを深め，他者とコミュニケーションを行うために言語を運用するのに必要な能力を意味するものとする。（「言語力の育成方策について（報告書案）」平成19年8月）
- 言語は，知的活動，感性・情緒等，コミュニケーション能力の基盤として，生涯を通じて個人の自己形成にかかわるとともに，文化の継承や創造に寄与する役割を果たすものである。（文化審議会答申，平成16年2月）

　前者の提言からは，言語力，「言葉の力」を技能という視点からとらえ

ると、「自らの考えを深め」るためと、「他者とコミュニケーションを行うため」の両面があることが導き出される。つまり技能からとらえるとその構成要素は、自己に沈潜し熟考するために必要な読む、書くといった文字言語と、互いを受け止めコミュニケーションを行うために必要な話す、聞くといった音声言語であり、これらが相補的に機能しながら「言葉の力」が育成されるものととらえることができる。さらに、それらの技能の基盤として位置づけられるものが知識と経験、論理的思考、感性・情緒等であり、「言葉の力」の育成にあたってはそのような基盤を育てることを抜きにして、話す、聞く、読む、書くといった技能のみを育てようとしても効果は期待できないということである。これは、技能としての「言葉の力」の育成を性急にめざすあまり、ややもすると忘れてしまいがちな重要な指摘である。

　読書感想文や作文の指導においても同様のことがいえる。これらの指導の成果をあげようとするなら、まず考えなければならないことはどうやって感性を豊かにしていくかであり、そのための体験やその振り返りを始めとする効果的な学習活動がカリキュラムの見通しの上に設定される必要がある。そしてそのような基盤の育成と相まって、豊かになった感性を表現するための語彙を増やしていかねばならない。さらに文章として構成、表現されたものを添削していく一人一人に応じた息の長いマンツーマンの指導が求められる。これは、このような目標が漢字の読み書きや言葉の意味の理解等のように、全員が共通にここまでといった到達をめざし、短時間でしかもテスト等によって客観的に成果を評価できる到達目標ではなくて、一人一人の以前と比べての向上や成長をめざす向上目標（方向目標）に属するものであり、複数の要素が絡み合って目標の実現に作用するため、指導だけでなく評価も容易ではないからである。成果が短時間でかつ目に見えやすい形で評価しにくい目標であるがゆえに、これまでも学校教育においてはややもすると後回しにされがちであったが、このような読書感想文

や作文の力，「言葉の力」の育成等の向上目標の実現こそが教師の専門職性の根拠を構成するものであり，学校が社会から託された役割といえるものである。

(2) 自己形成，自己実現の力としての「言葉の力」

　前述した提言の後者からは，言語力，「言葉の力」は生涯を通じての文化の中での自己形成，自己実現といった教育の最終目標を実現する力の育成に直接かかわる主要な力であることが導き出される。

　学校教育はそもそも文化，文化財の伝達，習得と活用，さらに創造の力を養うためのものであり，それを知的・精神的な分野を各教科が中心となり，心の育成を道徳が，市民生活に必要な資質の育成を特別活動が，さらに総合的な活動等によってそのめざすところを実現しようとするものである。そのような文化，文化財の伝達，習得，活用と創造は，文化や社会の中での自己実現，つまり自立の力を育むためのものであり，その力の中心に位置するものが広い意味での「言葉の力」なのである。広い意味とは，例えば算数，数学における数式や表，グラフ等のような非言語的なものを代表として，各教科，領域に固有の言語を含むという意味である。

　語彙の乏しさが学校教育の課題としてあげられ，その対策として読書活動が奨励されているが，書物に書かれた内容，時空を超えて伝えたい作者の思いや思想との出会いはもちろんのこと，語彙がない，言葉を知らないということはそれだけでその背後にある思想やものの見方，感じ方を知らないということであり，文化や文化財の恩恵を受けないまま成長させてしまうという学校教育の根幹にかかわる課題でもある。

　今回の学習指導要領の改訂に伴い，教育課程の全体を通して「言葉の力」の育成を図ることが強調されたが，これは言い換えると，教科や道徳等の領域の目標の実現にとどまらず，それらの成果を統合して全体としての教育の目標である自己形成，自己実現の力を，「言葉の力」の育成を通

3 「言葉の力」を育てる授業づくり

して図ることを忘れてはならないということであり、横断的には教育課程全体を視野に入れて、縦断的にはカリキュラムの見通しのもとに全体としての大きな目標の実現を視野に入れながら指導を展開していくことの重要性の指摘でもある。

❷ 「言葉の力」を育成する授業づくり

(1) 技能面からの考察：学級づくりとも関連させて

「言葉の力」を技能面からとらえると、話す、聞く、読む、書くの4技能になる。

このうちの「話す」「聞く」の技能はコミュニケーションのための音声言語であり、お互いの考えを受け入れながら共に高まっていく、いわゆる練り上げ、収束的な思考が求められる授業展開にとって必要な技能である。同時にこのような練り上げ型の授業を通して学び合いながら共に高まっていくという知的な協同作業の楽しさ、手応えを味わわせることを通して、学ぶ楽しさの実感と学級づくりを図っていくことが大切である。ここでは「読む」「書く」といった文字言語とは異なり、複雑で長い考えや意見の交換は難しいが、言葉のキャッチボールを通して互いの考えの共通点や違いを認め合いながら高まっていく展開が求められる。しかしながら、自分の言いたいことは言うが、相手の言うことは受け止めないといった言葉のキャッチボールが成立していない場合もある。これは学級づくり上の課題でもあるが、「〇〇さんの意見を聞いて思ったのですけれど」「〇〇さんとはここが同じで、ここが違うのですが」といったやりとりを奨励し、またそのようなお手本を教師自らが示すことで、コミュニケーション能力を高めていくことが大切である。

そのためには、まず一人一人に自分なりの考えをもたせるための展開や場の設定等の指導力を身に付けることと、さらにここは考えさせるところ、

ここは練り上げを活性化するところ，ここは前面に出てまとめ，共有化を図るところ，ここで習熟を図って，といった少なくとも単元を単位にしての以上のような構成要素を組み込んでの授業設計が求められる。

そしてその中心でもある一人一人に自分なりの考えをもたせること，さらにそのやりとりをより活性化し，効果的にするために必要なものが，「書く」「読む」という文字言語の活用である。教材や現象に対し，熟考しながら自分なりの整理・分析や価値付け，意味づけを行い，ノート等に自分の考えをまとめる作業である。このような「読む」「書く」といった文字言語による技能は，量的にも，質的にもレベルの高い「言葉の力」を育成するものとして今回の改訂では，特に重要視されている。

ノートの上半分には板書を写させるが，下半分には自分の考えをまとめたり，友達の考えを要約したり，板書の行間での先生の説明を補足してメモをしたりと，下半分を「マイ・ノート」として活用させるノート指導も効果的である。

以上のようにして，話す，聞く，読む，書くの4技能を身に付けさせることを，学級づくりと関連させながら展開していくことが重要であり，効果的である。

(2) 技能を支える基盤からの考察：授業設計に組み込んで

前述した「言葉の力」の4技能はそれらを支える基盤の育成と相まってこそ，真に効果的な「言葉の力」の実現が可能になるものであり，その基盤とは，体験に裏付けられその振り返りによって得られた経験や知識，語彙，そして想像力や論理力等であると考えられる。

このような基盤については一般的，抽象的にとらえるのではなく，この単元の内容に即して育てるべき，育てることが可能な言葉の技能の裏付けとなる体験や，そこから得られる経験，知識，語彙そして想像力や論理力等は何かといった観点から教材研究を行い，そこから導き出された基盤を

言葉の技能の育成と併せて目標として明確化し，実現を図る手だてを単元計画上に位置づけ展開していくことが大切である。

　単元の内容に即して観点別に目標を洗い出し，目標間の論理的な関係を構造化して目標を精選し，そのような目標の系列をもとに学習活動を準備し，成果を形成的に評価しながら単元を展開していくといった形成的評価に基づく授業設計の方法があるが，そこではこのような言葉の技能とそれを支える基盤を組み込んでの授業づくりは容易なことである。（このような授業設計の方法については参考文献を参照されたい。）

　なぜなら，そのような授業設計においては，知識の理解や技能の習得，考え方の育成とそれらを活用しての問題解決力等を効果的に実現するための基盤となる体験を目標として設定すること，それを「体験のくさびを打ち込む」という表現のもとに重要視し，目標間の構造化を図る作業においてこの体験や活動をもとにこのような思考や表現を実現するといった基盤の確認が組み込まれてきたからである。

　要は何らかの形で，単元の内容に即して育成可能な言葉の技能とそれを支える基盤となる活動を授業設計から組み込んでおかねばならないということであり，その実現を積極的に図る実践を積み重ね，その成果を評価すること。そのような「言葉の力」の評価の仕方と，教科の見方や考え方，活用力の育成に効果的な言語の使い方についての実践研究を行うこと。さらに，言葉の技能とその基盤の育成を単元単位の実践研究にとどめず，カリキュラム化すること。以上の事柄がこれからの実践研究の課題である。

参考文献

加藤　明『プロ教師のコンピテンシー：次世代型評価と活用』明治図書
梶田叡一・加藤　明編『実践教育評価事典』文溪堂

第 *2* 部

各教科・領域で育てる言語力の考え方と実践

国語科／授業全般

4

言語力と活用力を育てる授業改善
―単元を構想した授業づくり―

新学習指導要領から紡ぎ出される授業改善の基盤と単元構想を図った授業づくり。そこから，言語力と活用力を育んでいきたい。

　　　　　　　　　　　　　　　　　尾崎靖二　交野市立私市小学校校長

　言語力育成のために，国語の授業をどのように改善したらよいのか。そのことを一番の目的として改訂された新学習指導要領を基点として考えてみたい。それには言語力とその位相を明らかにし，授業改善のための視点を示すことが大切だ。その上で，言語力と活用力を向上させる単元を構想した授業についてポイントを示したい。なお，本章で取り上げる事例については，四條畷市立田原小学校の平成17年～20年度におけるものを使わせていただいた。

❶　言語力とは何か

　言語力育成協力者会議において，「言語力は，知識と経験，論理的思考，感性・情緒等を基盤として，自らの考えを深め，他者とコミュニケーションを行うために言語を運用するのに必要な能力」（「言語力の育成方策について（報告書案）」平成19年8月）と定義付けられている。私は，かつて「他ならぬ自分を作っていくための基本的な力のことである。語彙のレベ

ルから出発し，自己形成に資するために子どもたちが身に付けた全ての言語活動のことだとも言える。それらを高めるためには，子ども自らが主体的に学んでいくことが保障されなければならない。」(『「言葉の力」を高める新しい国語教室入門』明治図書）と述べたことがあるが，言語力は子どもの人格総体を形作るものであり，主体的な人間を育てることを保証するものである。

❷ 国語科における言語力の位相

　言語力と言っても実に多様である。学習指導要領「国語」の中に見られる位相を探ると次の5点が重要だと考える。(1)言語活動，(2)言語様式，(3)言語機構，(4)言語過程，(5)言語単位である。これらの位相を意識して国語科における言語力の育成を図る必要がある。以下に説明していくことにする。

(1) 言語活動
　中央教育審議会の答申では，言語活動は学習活動と区別して使われているようだ。しかし，全く同じ言語様式を言語活動と学習活動の両方に位置付けている。これは，プロセスとしての学習活動と能力としての言語活動というふうにとらえることが可能だ。また，言語活動には2側面があると考えられる。つまり，活動そのものが能力としての側面を持っていることと能力育成のための方法的側面である。

(2) 言語（表現）様式
　言語活動は，その内実を言語様式が構成している。言語力は，そのような言語様式を身に付けて駆使できることとも考えられる。次に言語活動例に見られる言語様式を学年段階ごとに列挙したい。

言語活動例に見られる言語様式

低学年	中学年	高学年
説明（事物，仕組み）・報告（経験）・感想（説明，報告，物語，科学的なこと）・連絡（必要なこと）・紹介（知らせたいこと，好きなところ）・記録（観察）・挨拶（場面）・手紙（伝えたいこと）など	説明（出来事，資料を効果的に使う，紹介したい本）・意見・報告・新聞・手紙（依頼状，案内状，礼状）・感想（物語，詩）など	説明（資料提示）・報告（資料提示）・助言・提案・推薦（事物，人物，本）・詩・短歌・俳句・物語・随筆・意見（調べ活動）・報告（活動）・編集・広告・伝記・解説（利用）・新聞（編集，記事）など

　例えば，同じ中学年の「説明」という言語様式で見ても，単純に「出来事の説明ができること」（「話すこと・聞くこと」）を求めているものと「収集した資料を効果的に使う」という指導事項の一部を承けて方法的な要素を交えた説明（「書くこと」）を求めているものとがある。また，「読むこと」には紹介を含んだものとして登場する。

　一見すると，方法としての言語活動を活用している事例と言語能力として活動そのものができるようにと意図されたものが混在しているように見えるが，書かれていないものも含めていずれもプロセスの中に位置付き，子どもたちが自覚的に運用することが大切にされていることに留意したい。

　高学年の「話すこと・聞くこと」では，説明・報告をして，それを聞いて感想・意見・助言・提案をするように相互交流が基本となって言語活動が組まれている。

　さらに，これらを文化審議会答申にある「個人にとっての国語」の果たす役割やそれを承けた中央教育審議会の答申の「7．教育内容に関する主な改善事項」の「(1) 言語活動の充実」に述べられている3つの基盤に基づいて整理すると以下のようになると思われる。

4 言語力と活用力を育てる授業改善—単元を構想した授業づくり—

知的活動の基盤	感性・情緒等の基盤	コミュニケーションの基盤
記録・報告・説明・感想・意見・提案・助言・解説・評論・論説・研究・報道・放送など	物語・小説・詩・戯曲・劇・随筆・伝記など	手紙・連絡・通知・紹介・推薦・案内・広告・書式・図や表など

(3) 言語(表現)機構

　言語機構とは言語(表現)主体・対象・媒体・理解主体の相互の関係のことだ。学習指導要領では,「各学年における各領域の目標」に主に取り上げられ,それらを承けて,各領域の指導事項にも反映して記述がなされている。相手・目的・意図が各学年・領域段階に応じて配置されている。

(4) 言語過程

　言語プロセスは学習指導要領の指導事項の流れの中に生かされている。前にも述べたが,言語活動もプロセスがある。これは,自己学習のプロセスでもある。ペーパーテストを想定した「PISA型読解力」には示されていないが,課題設定・解決計画も「キー・コンピテンシー」から見て当然含まれる。

(5) 言語単位

　構成力・構文力・語彙力(知識・理解・表現)など。
　学習指導要領では「言葉の特徴やきまりに関する事項」に加えて関連のあるものは内容の指導事項に位置付いている。

❸ 活用できる言語力を育てるための授業改善の基盤

　活用力について耳にするのが,指導事項は習得型の学習活動であり,言語活動は活用型の学習活動であるとする短絡した誤解である。私が活用力

を育成する授業改善の基盤と考えるのは，次の5点である。

(1) インタラクティブな学習過程を

　学習指導要領では，「話したり，発表したり」をするだけでなく，それを聞いて感想や意見・助言・提案を行うことまでを1つのプロセスとして活動することを求めている。聞き方が受け身でなく，積極的な聞き方が求められる。学び手が中心となって展開するように，《個人で考える⇔グループで考える⇔全体で考える》といったプロセスがそれも一方通行ではなく双方向に往還しながらの授業が望まれる。教師が主導して展開する授業では，全員を対象に一斉に，応答は個別にと学び合う関係がつくられていない。この現状を打開したい。

(2) 学習過程（学習方法と言語能力）のメタ認知を

　学習課題の設定と学習計画の協議を子どもたち自らが自覚的に行うことが大切である。そして，その学習方法や獲得した言語能力を振り返って，自己評価する力，相互に評価する力を育てることも忘れてはならない。また，交流することを通して多様な考え方に触れ共同思考的に高め合える関係づくりと同時に自己の位置を確認することがポイントとなる。

(3) 導入学習の確立を

　導入を図って十分に意欲を醸成し，必然性を子どもたちに持たせて取り組ませたい。自らの言語力の実態を，振り返ったり実際にやってみたりして自覚させる。モデルとしての作品（記述されたものやビデオに収められたものなど）を見て憧れや目標を持つ。その上で，中核教材の必要性を感じた上で取り組むことである。従来，作品主義，内容主義と批判があったのは，子どもの実態（言語能力や子どもの嗜好などを含む）を他所にして，その中核教材を教師の価値観や教材観に基づいて巧みに教え込もうと

4 言語力と活用力を育てる授業改善―単元を構想した授業づくり―

していたからだ。それゆえ，授業研究での指導案にはまず教材観から記入することが求められていた。言語能力を中心とした子ども観は重要ではなく，言語能力とは無縁の子ども観が羅列されていた。何より授業そのものが，教科書教材の音読からいきなり始まっていた。そのような実態を克服するためにも，導入学習が確立されなければならないと考える。

(4) 言語環境としての言語力の育成を

言語環境は実に多様でその工夫によっていくらでも存在するものである。
ここでは，各教科にまたがって言語力を高める4点について事例を含めて紹介したい。

① ワークシートの工夫で記述力を育てる

1つめは，理由・根拠を述べるためのワークシートである。日本の子どもたちが記述力として弱いとされている所である。その原因は，刺激→反応のように解答が情報の取り出しの如く即座に一面的に求められるテスト評価や授業の在り方にあると考えられる。TIMSSの理科（スープⅢ）問題で日本の子どもたちは，答えは書けても，理由の記述が設問にある現象の取り出しで終わっていて，科学的な根拠になっていないものが多かった。記述力がないために理科の力もないと判断されかねない。学校全体で学年段階を追って，1～3つまでの理由が書け，高学年になれば3つの理由とその相互関係をまとめられるようにしたい。中学生では根拠としても書けるようにしたい。そして，特別活動を含めて全教育活動でこのワークシートを活用したい。児童会主催のドッチビー大会の全校感想交流集会で用いて，1～6年生までが発言のスピーチ原稿として活用することもできた。

② 「15の問い」で，子どもの説明内容づくりを支援

2つめは，説明を行う時に内容をどう作るのかという課題に対してだ。その際，対象への15の問いを想定し，それに答えるカテゴリーを準備する方法がある。1年生では，機能や構造を中心として4～5のカテゴリー

47

を，2年生では8～9のカテゴリーを3年生では15全てを理解したり，使用したりすることが可能となる。このカテゴリーは国語科だけでなく，各教科で使用することができる。その学年で使用するものを選定して黒板にフラッシュカードとして1つずつ貼っておいたり，まとめて掲示したりして，説明行為の度にメタ認知させながら使用すると日常生活の言語力として定着する。

③　語彙力を意識的に高める

3つめとして，語彙力を意識的に高める方法である。評価語彙や感想語彙を集めた事典や作文用の漢字・言葉事典，新出漢字辞典などを子どもたちが共同で創り上げ，日常的に活用していく方法である。1年生の1分間スピーチ（体験報告）では，1学期の後半になると，まとめに感想語彙を使用するようになる。そこを意識的に肯定的な語彙10，否定的な語彙5を与えてスピーチの度に使用させていく。すると，提示した15をモデルとして次々に広がる。それを教師が短冊に記録して掲示していくと3学期には200を越える語彙が集まった。さらに，子どもたちは，自ら「掲示の語彙」を参考に1語を修飾する別の語を重ねて用いるようになった。そのことで，自分の気持ちに最適な豊かな感想表現ができるようになった。それは，気持ちに沿った言語表現力を大きく広げる契機を得たことになる。

④　図書室を学習資料室として活用

4つめとして，学習資料室としての図書室の役割である。自ら学ぶ子どもや言語能力をメタ認知させるためにも身近にモデルとなる先輩や上級生たちの学びの記録や作品が必要となる。ポートフォリオとなって保存してある単元の学習記録は，自らが学習課題や計画を立てる時に役立つであろうし，モデルとなる作品やビデオなどは導入や表現行為を行う時に意欲も含めて見通しと示唆を与えてくれるだろう。図書室に専用コーナーを設ける。必要となった時はもちろんだが，特に日常的に眺めたり触れたりすることが大事となる。

4 言語力と活用力を育てる授業改善―単元を構想した授業づくり―

(5) 言語力と言語様式を意識した年間指導計画を

　まず，年間指導計画を立てる時に言語能力を明確にした子ども像を職員が共通にイメージすることから始める。「〇年生では，こんなことができて，こういう言語操作や言語能力がある」ということを言語能力ごとに1箇条に収めて集約してみる。昭和26年版学習指導要領（試案）のようなイメージで学年ごとに40前後考えてみる。その際に学習指導要領の指導事項と言語活動例が役に立つ。ただし，言語能力は3領域を網羅・循環した言語力として記述する。この子ども像を基に単元ごとに年間カリキュラムを立てていく。教材はその言語能力を育成するのに，どう役割を果たすのかの視点で配置する。他教科にも共通して育てる言語能力も記入する。それらを単元ごとに成果と課題を記入していく。1年たつと実際に役立つ年間指導計画として有効なものができあがる。この年間指導計画を言語様式を中心として編集したものに作り替えると，言語活動としてどう育成していくのかの視点で見るものができあがる。

言語能力を中心とした年間指導計画例（5年生）

月	単元名	領域	言語能力	教材	時数
4	本と対話しよう	読む	作品に用いられている心情を表す語彙や関連する言葉に着目し，それらの語彙に対する自分の思いを確かめながら読むことができる。	「新しい友達」光村図書5年上	5
	この教材について考える前に，自分の体験と重ね合わせた自分と友達との心のつながりについて考えるようにした。そして登場人物の心情や心のつながりについて読み深めていった。時間の経過とともにゆれていく主人公の心の動きを，文章中の言葉を拾い上げて様子や心情を整理し，さらに自分の体験と重ね（略）				
5	筆者にいどむ	読む書く	科学的知識について書かれたものについて，問題事象と筆者の考えを区別して読み，要旨をまとめることができる。	「サクラソウとトラマルハナバチ」光村図書5年上	6
	キーワードを手がかりに作品全体の構造をとらえ，筆者の言いたいことは何か考えることができた。各段落ごとに要点をまとめていくのではなく，全体から筆者の考えをとらえ，要旨をまとめていった。しかし要旨をまとめることは5年生になり初めてであったので，戸惑う児童もいた。構造をとらえる活動を（略）				

49

国語科／授業全般

言語様式を中心とした指導計画例（6年生）

様式	1. 文学	2. 説明・解説
	(1) 物語 　① 登場人物の心情把握 　　ア　心情語彙（関連語彙） 　　イ　行動と心情との関連 　　ウ　視点人物の把握とその転換 　② 場面と心情の描写 　　ア　優れた叙述 　③ 登場人物の心情に対する反応 　　ア　共感・反発・疑問 　④ 物に含まれる意味された意味 　⑤ 創作・交流（「カレーライス」） (2) 短歌・俳句	(1) 説明 　① 構成 　　ア　冒頭部の働き 　　イ　段落の役割 　　ウ　事実と考え 　　エ　対比 　② カテゴリー 　　ア　特徴を表すカテゴリー 　③ 要約力 　　ア　キーワード 　　イ　要約 (2) 解説

❹ 単元を構想した授業づくり

　以上の前提を受けて，言語力と活用力を高める単元構想について，急いで改善が求められる2点に絞って展開したい。字数の関係で十分展開できないので，拙著『「言葉の力」を高める新しい国語教室入門』の該当する章を是非お読みいただきたい。

(1) 導入学習から学習課題を設定

　導入学習の確立は自己学習力育成の出発点である。単元全体を最後まで見通す必要があるし，仕組んで誘っていかなければならない。モデルとなる作品やビデオ等から憧れを持たせることも大事だが，実際に言語行為を行わせて挫折を感じさせることも大切だ。自己を把握するだけでなく，学び通すエネルギーを培わなければならない。
　導入学習の意義には，次のようなものがある。
　① 自己の確認

4 言語力と活用力を育てる授業改善—単元を構想した授業づくり—

② 意欲の醸成
③ 見通しの育成
④ 学習活動の準備（スパイラル的に行われる言語活動の出発点）

「① 自己の確認」の観点から導入学習を大別すると，
ⅰ 振り返ることを通して現在の自己を引き出す。
ⅱ 作品から自己を引き出す。
ⅲ 活動から自己を引き出す。

の３点になる。これらを具体化すると，次の８種類がある。
ⅰ 振り返りから（ア学習活動，イ言語生活，ウ現実生活）
ⅱ 作品から（ア中核教材，イ既習教材，ウ周辺教材，エ完成作品）
ⅲ 活動から

次に，学習課題の設定だが，導入を踏まえて，どんな流れで，どんな学習活動をするのか，どんな言語能力をつけたいのか，さらにどんな気持ちで取り組むのかを含めて，子ども自らに決めさせたい。学習の出発式だ。その際に，先生や友だちと話し合い，納得しながら，イメージを持ち，自分の中の主体的な課題へと醸成しつつ，個別の課題を再度方向付ける営みでもある。１つのスローガンの下に共に学んでいくのである。何よりも学習課題の設定の場が重要であって，タイトル化した学習課題はその結果である。しかし，同時にタイトル化した学習課題には，これから行う学習（実践）の特徴（それは同時に教材の特質や子どもの実態，状況さらに教師の願いを反映したもの）が色濃く出ている。また，子どもたちの思いもその文字と共に踊っている筈だ。タイトル化（焦点化）した学習課題の構造を特徴ごとに類型化してみた。「読むこと」領域を事例として，単元を構想した１つの流れを意識して示したい。要素として，次のようなものが考えられる。

　Ａ「理解学習」で行いたいこと（比べたり，重ねたりして，読む。読んで，調べたり，掴んだり，理解したり，まとめたり，気付いたり，考えた

り，想像したり，発見したりする等）
　B「表現学習」（読書行為としての表現行為）で行いたいこと（書いたり，創ったり，作ったり，話したり，発表したり，報告したり等）
　C「子どもの意欲や関心を大切に活動を総括したもの」
　3つの大きな要素に，理解学習や表現学習での小課題や相手意識や目的意識，意図などの小さな要素を加えて5つの類型を示すことにする。
　(1)　A＋B（学習過程の流れに沿って作られた基本型）
　(2)　A＋（B）（表現学習が隠れているもの）
　(3)　（A）＋B（理解学習が隠れているもの）
　(4)　A＋a（b）＋B（途中の学習活動が入っているもの）
　(5)　C（学習活動を総括して象徴的に表したもの）

(2) ワークシートの活用

　ワークシート（以下，WSと略す）は，答えを書く四角の箱ではない。思考過程を記入して，考える手続きを子どもたちに獲得させるものである。作成には，4つのレベル（目的・様式・条件・書き方）を考え，知識をきちんと子ども自らが獲得するための手順となっていることが求められる。
　現場で見られるWSは，言語操作はしているが次の思考操作がない。1つの事柄に止まっていてその後がない。そのようなWSから構造化が図られたものにしたい。注記も入れて確実に知識化をサポートできるようにしなければならない。
　例えば，①AとBを比べる（パーソナルワークで言語操作），②比べたことを交流し，整理してまとめる（グループワークで思考操作），③整理したものから様式について判断しまとめる（全体学習で判断），④さらに①の事例Bを参考に様式をうまく運用するための工夫について自分の考えを記述する（パーソナルワークで表現）といった展開が構造的に仕組まれるようなものが求められる。

4 言語力と活用力を育てる授業改善―単元を構想した授業づくり―

　カテゴリー「理由」を核とした説明的文章の学習での事例を考えたい。
　１年生の「じどう車くらべ」では，機能と構造が取り上げられているが，【そのため】という目的や理由や関連のカテゴリーも見えている。教材本文には，「□するように」と機能と構造の関連性を説明する記述が顔を出している。WSで理由の形でリライトさせると，作品の基本構造が見える。獲得したその構造から，機能と関連のあるカテゴリー（形態・成分・変容など）が次々に子どもたちの手によって活用されていく。
　２年生の「たんぽぽのちえ」では，観察した事実から人間が「ちえ」と認定するための理由が説明されている。その基本構造をWSによって発見させる。そこから，展開部で理由への「問い」が殆ど略叙されていることを見つけ，補って読むことができるようになる。さらに，冒頭の空白部を埋めるリライトを通して筆者の相対化を図ることもできる。
　「サンゴの海の生きものたち」では，次のような指導が可能だ。①冒頭部のリライトで啓発型から思索型の説明文に変換。②展開部の２つの事例では，比べ読みで事例の冒頭の紹介部分が描写と記述という違った表現法を採用している筆者の工夫を発見。③事例２のまとめがないところをリライトで埋めることで構造的に把握。④２つの事例にある共生の理由を，【A（既知）しかしB（未知）】の構造から「問い」を補って読むことで「自然のおきて」に対置するものとして発見する。
　④のように，１年生からカテゴリー「理由」で対象を把握，説明する力を培っていく中で，その力が３次のクイズ作りで活用される。図鑑や事典を内容ではなく，［しかし，でも，けれども，が］などや［なぜでしょう，どうしてでしょう］などの語彙に着目して調べるだけで【AしかしB＋問い】の構造を見つけ，クイズ形式の説明文を書くことができた。構造的把握から語彙に着目するだけで，どの子も容易に作り上げることができた。これは，担任にとって魔法のような出来事であった。

国語科／話すこと・聞くこと

5

「話すこと・聞くこと」の指導を通して育てる言語力

「話す・聞く」の基本には，相手の話を受け止め，答えるという「対話」の発想がある。合意形成を目指す話し合いの実践を紹介する。

邑上裕子　新宿区立落合第四小学校校長

❶　「話すこと・聞くこと」における言語力育成の考え方

(1)　言語力育成は音声言語活動から

　言語力を「知識と経験，論理的思考，感性・情緒等を基盤として，自らの考えを深め，他者とコミュニケーションを行うために言語を運用するのに必要な能力を意味するものとする」という，言語力育成協力者会議「言語力の育成方策について（報告書案）」の考え方から言えば，「話すこと・聞くこと」はまさに直接結びつく言語活動である。

　つまり，「話すこと・聞くこと」という言語活動は，音声による言語を通して，相手の考えを知識として得ると同時に，論理的思考を働かせ，相手や目的による違いを受け止め，自らの考えを伝え，自己形成に生かす行為であるからである。「まず言葉ありき」から言えば，言語力の育成は，音声言語活動から出発しているといっても過言ではない。

　「話すこと・聞くこと」における言語力育成の視点には次の項目が挙げ

られる。
　①　言語による思考力・判断力・表現力の育成
　対話や議論の形式を活用するなどして，考え伝え合うことで，自らの考えや集団の考えを発展させる力を伸ばすこと。また，適切な話し言葉を使い，相手にわかりやすく伝える力をつけること。
　②　言語による他者との関係力の向上
　話のやり取りを通して自らの考えを明確にしたり，他者を理解したりして，相互の関係を広げたり，より深めたりする力を伸ばすこと。
　③　言語による感性・情緒力の育成
　相手を意識し，よりよい言葉を使ったり，人間関係を豊かにするための言葉を選んだりする力をつけること。
　④　言語文化に親しむ態度の育成
　話し言葉による伝承や文化に触れ，音声による日本語に興味・関心を持ち，親しみを感じる態度を育成すること。

(2) 「話すこと・聞くこと」で言語力を育てる方法

　国語科における「話すこと・聞くこと」の学習では，まず，基礎的・基本的な知識・技能の習得が求められる。さらに実生活に生きて働く言語活動として活用する方向に指導が組まれるべきである。しかし，「話すこと・聞くこと」の学習では，言語力は習得と同時に活用され，また活用の場面を通して習得されるという相互作用が働き，習得の次に活用がくるのではないと考える。行きつ戻りつして，同時に働くことを考慮し，「話すこと・聞くこと」で言語力を育てる方法を探っていくことが肝要である。

　①　基礎的・基本的な知識・技能を習得し，活用すること
　「受け答えをする」という対話の発想を基盤にする
　個人と個人が直接に相対して言葉のやり取りをするのが，対話である。

話し手と聞き手が適宜，頻繁に交代しながら，話題を中心に話し合う言語活動である「対話」は一対一の関係であり，何よりも相手の話を真摯に「受け止め」，そして直接に「答える」という形をとる。これは，「話すこと・聞くこと」における基本の言語力といえる。

つまり人数の上からだけでなく，全ての「話すこと・聞くこと」はこの対話の発想を基にしているのである。一対多になる話し合いや討論においても一人一人が，相手の話を「受けて返す」形が基本となる。同時に何人もが言葉を出すのではなく，一人の発言を一人一人が受け，順に語り合うような話し合いが望ましい。その意味で，「受け答えをする」という言語力を基本と捉える学習を展開していくべきである。

「事実を正確に伝える」大切さを日常から指導する

見たこと，聞いたこと，読んだこと，考えたことを自分の言葉に託して伝える活動がたくさんある。児童を取り巻く言語環境も豊かになり，多くの情報が児童の下に届く現実がある。いつの間にか，事実と思いを混同して自分の考えとして伝えることも多い。「話すこと・聞くこと」においては，特に聞いた事実を正確に伝える基礎的な訓練を進める必要がある。「いつ，どこで，だれが，どのように，どうした，わけは」という5W1Hを，簡潔にまとめ伝える力を発達段階に合わせて指導していく。

「要点をまとめる」ためのメモを取る力，活用力を育てる

スピーチや発表を聞き取る言語活動において，内容を簡潔にまとめてメモに取る力や，インタビューやスピーチを行うときの，メモ活用力を身に付ける。特に，総合的な学習の時間が始まる中学年においては，箇条書きにする「聞き取りメモ」と「スピーチメモ」の両方を身に付けさせる必要がある。

5 「話すこと・聞くこと」の指導を通して育てる言語力

「相手・目的・場面を考えて聞いたり話したりする」という意識を高める
　話し言葉は書き言葉と違い，原則的には目前に相手が存在して成立する。そこに伝うべき事柄（話題）と場（状況）があり，逐次対応が異なるのである。相手や目的・場面によって刻一刻と変化し，その反応を見ながら，話し合いが続くものである。ゴールイメージを持ちながらも，行き着く道のりは変化していくことを，高学年の話し合いや討論では特に意識させたいものである。

② 適切な言語活動や指導法を組んでいくこと
伝え合う力を育成するために，相手の立場を考慮しながら双方向性のある言語活動を行う

建設的な合意形成を目指した言語活動を行う
　尋ねたり応答しながら，グループで話し合って考えを一つにまとめていくような合意形成を目指した言語活動を低学年から経験させていく。中学年，高学年になるにつれ，互いの意見の違いを理解し関係付けながら，新たな考えを生み出す（創造する）活動へと高めいくことが必要である。

相手意識・目的意識を伴い，実生活につながる言語活動を行う
　児童の言語環境から，生きて働く言語活動（話題）を設定していくことが求められる。

相手，目的（話題），場（状況）に応じた具体的な「話すこと・聞くこと」の表現方法を押さえる
　何のために，何を，どのように伝えるのかを常に意識させるような活動を組むことが必要であり，特に「どのように」という具体的な話し合いモデルの例示をすることが指導のポイントになる。

国語科／話すこと・聞くこと

(3) 学年別「話すこと・聞くこと」の言語力の育て方

以上のような視点から，新学習指導要領の言語活動例にも触れながら学年別の目標と言語力育成の方法をまとめてみる。

学年	目標	言語力の育成 (指導方法・指導内容)	言語活動の例
低学年	相手に応じ，身近なことなどについて，事柄の順序を考えながら話す能力，大事なことを落とさないように聞く能力，話題に沿って話し合う能力を身に付けさせるとともに，進んで話したり，聞いたりしようとする態度を育てる。	・受け答えをする力 ・大事なことを落とさず聞く力 ・事柄を順序立てて話す力 ・話題に沿って話し合う力	・感想を述べる ・尋ねたり応答したりする ・あいさつする ・紹介する ・話し合って一つにまとめる
中学年	相手や目的に応じ，調べたことなどについて，筋道を立てて話す能力，話の中心に気を付けて聞く能力，進行に沿って話し合う能力を身に付けさせるとともに，工夫をしながら話したり聞いたりしようとする態度を育てる。	・要点をメモする力 ・相手に応じて言葉遣いに注意して話す力 ・中心に気を付けて聞く力 ・共通点・相違点を考えて話す力	・調査の報告 ・意見を述べる ・学級全体で話し合う ・図表や絵，写真などをもとに話す聞く
高学年	目的や意図に応じ，考えたことや伝えたいことなどについて，的確に話す能力，相手の意図をつかみながら聞く能力，計画的に話し合う能力を身に付けさせるとともに，適切に話したり聞いたりしようとする態度を育てる。	・知識や情報を関係付ける力 ・構成を工夫しながら場に応じた言葉で話す力 ・比べて聞き，自分の考えをまとめる力	・資料を使っての説明や報告 ・考えを関係付けながら討論する ・事物や人物を推薦する

5 「話すこと・聞くこと」の指導を通して育てる言語力

❷ 「話すこと・聞くこと」における言語力育成の実践（4年）

(1) 年間指導計画例（35時間）

月	学習内容	時数	言語力育成との関連
4 5 6	「用件を正しく伝えよう，要点をメモしよう」 ・場面を想定し，用件が伝わるよう話す。メモを取る。	4	・相手に用件が伝わるように，筋道立てて話す力 ・要点をメモする力 ＜基礎的・基本的な知識・技能＞
7 9	「伝え合う」ということ ・「手と心で読む」を通読し，課題を決め，調べる。 ・発表のための構成を練る。	10	・話題を決め，発表のための要点メモを作る力 ・状況に応じて，適切な音量や速さで話す力　＜思考力・表現力＞
10 11	「言葉の応援団」 ・絵から読み取ったことをもとに話したり聞いたりする。	4	・相手や場を意識して，適切な言葉を考える。 ・発表し合い，言語感覚を養う。 ＜感性・情緒＞
12 1	「話し合って決めよう～学校紹介をしよう～」 ・交流校に自分の学校を紹介するためのパンフレットを作る話し合い。 ・各グループで出された意見を全体で，まとめていく。	7	・相手と目的に応じた話題を選択する力 ・相違点や共通点を意識して聞いたり話したりする力 ・それぞれの意見を尊重して，より良い考えを共有できるように整理しながら話し合う力 ＜思考力・表現力・創造力＞
2 3	「伝統文化にふれよう」 ・ことわざや慣用句，故事成語の果たす役割を知る。 ・気に入った言葉を発表する。	4	・ことわざや慣用句，故事成語を知り，親しみ，日本語のよさを日々の話し言葉に活用しようとする力 ＜言語文化に親しむ態度＞

＊その他，学期ごとに「季節のテーマ」に合わせスピーチ学習を行う。（2時間×3＝6時間）

59

国語科／話すこと・聞くこと

(2) 単元「話し合って決めよう」の概要と，言語力を育てる上での特色

　交流している学校からの手紙のお返しに，自校紹介のパンフレットを送る計画を立てるという，双方向性のある言語活動をもった実践を紹介する。言語力を育成するために，どのような話し合いをすればよいか具体的な話し合いモデルを有効に提示している。また，小教材を組み入れて，話し合いの力の習熟を図っている。

○単元名「話し合って決めよう～学校紹介のパンフレットを作ろう～」
○単元の目標
　・話題に沿って，互いの考えを交流しようと進んで話し合う。
　・伝えたいことを明確にして話したり，自分の考えとの相違点や共通点などを意識して，相手の話を聞いたりする。
　・それぞれの意見を尊重してよりよい考えを共有できるように整理しながら話し合う。
　・理由や事例を挙げながら筋道を立て，適切な言葉遣いで話す。
○指導の重点
　以下のことに重点を置き，授業を実践した。
　① 自分の考えを明確にさせ，確かめながら話し合いを進める工夫
　　　自分だったら，どんな学校紹介をしたいかについて，理由と要点をメモするシートを活用した。
　② 互いの考えを整理していくような話し合いの例（教師作）を提示
　　　・理由を言う　・質問する　・相違点や共通点を見つける　・互いの意見のよさを取り入れ話し合う　・視点に沿って整理しまとめる
　③ スキルアップとして，話し合いの小教材を活用する。

5 「話すこと・聞くこと」の指導を通して育てる言語力

○単元の指導計画（全7時間）

時	学習内容
第一次：○○小から届いた手紙のお返しを考えよう　　　　（2時間）	
1 1	○学校紹介パンフレットを作るという学習のめあてと見通しをもつ。 ○紹介したいものを各自が決め，グループごとに意見交換し項目を出し合う。　（紹介したい事柄ごとに小グループに分かれ下調べをする。課外）
第二次：事柄を絞るために話し合おう　　　　　　　　　　（4時間）	
1 1 1 1	○紹介したい事柄をメモシートに書き出し，特に自分が紹介したい内容を決める。 ○グループごとに，紹介する事柄について条件を考え，話し合う。（本時） ○グループごとに出された内容を，学級全体で話し合い整理し調整し決定する。 ○決定された事柄の内容について，情報を集め，情報メモを作る。
第三次：集めた情報の点検をしよう　　　　　　　　　　　（1時間）	
1	○パンフレット構成の内容を紹介し合いながら，相手と目的に合っているか，点検する。　　　（パンフレットの紙面構成を工夫する。書くこと）

(3) 本時の展開

○目標

　・自分の考えを明確にし，相違点や共通点を見つけながら話し合う。

　・互いの考えを聞き合い，送る相手を意識しながら紹介する内容を決める。

○展開

学習活動	指導の要点(言語力)	支援◇と評価★
1　4人グループで話し合うという本時のめあてや活動を確認する。	・言語活動や相手，目的を確認すること。 ・話し合いの視点（①本校ならではの事柄であるか，②2ペ	◇前時のメモシートを活用し意欲を高める。 ◇あらかじめ分量を知らせ，1～2項目で

国語科／話すこと・聞くこと

	ージ以内に収まる内容か)	あることを伝えておく。

パンフレットで紹介する事柄を話し合って決めよう

2　話し合いの視点や適切な言葉遣いを考える。 ①グループでの話し合いのめあてを確認する。 ②教師が示す話し合い例を聞く。 ③話し合いの例から，重点になることを決める。	・話し合いの視点を明確にすること。 ・話し合いの例からポイントを学ぶこと。 　合意形成の話し合い	◇どのように話し合えばよいか，具体的な話し合いの例から気付かせる。

> ＜話し合いの例から，学ばせたいこと＞
> ・理由をはっきりさせる。・わからないことを質問する。
> ・相違点，共通点の聞き分ける。
> ・友達の意見のよさを聞き入れ，みんなが納得するまで，話し合う。
> ・本校のよさや本校らしい内容になっている事柄を決める。

3　グループで話し合い，事柄を絞り込む。 ①一人一人の意見を出す。 ②まとめる話し合いをする。 4　学習の振り返りをする。	受け答え 　事実を正確に伝える 　要点メモ ・紹介したい事柄について根拠や理由をつけてわかりやすく話すこと。 ・わからないことや確かめたいことを聞き返すようすること。 ・相違点や共通点に気をつけて意見を整理しながら話し合うこと。	◇話し合いが目的からそれているグループには，具体例を示し，話題を戻す。 ★自分の考えを明確にして伝えている。 ★比べながら聞き，相違点・共通点に触れ，話し合って整理しようとしている。 ◇話し合いの視点について振り返らせる。

5 「話すこと・聞くこと」の指導を通して育てる言語力

〈合意形成の話し合いの例〉
① 私は藍染を紹介したほうがいいと思います。なぜならうちの学校の伝統だからです。
② ぼくは、藍染もいいけど、お米作りがいいと思います。
③ 私も②さんと同じで、お米作りがいいな。時間をかけているから。
① お米作りがいいという理由、詳しく聞かせて。
② お米作りは、うちの学校の古くからある田んぼを使っているから、‥‥
① 確かに、どちらも本校らしいね。でもお米は○町から稲をもらって育てているけど、藍染は自分たちでやっているからうちの学校らしいよ。‥‥

(4) 実践の成果と課題（言語力育成を視点として）

＜重点的に行った指導についての成果＞

・自分の考えを明確にさせ，確かめながら話し合いを進めるための，「理由と要点のメモシート」は資料として有効であった。
・互いの考えを整理していくような「話し合いの例」の提示が，話し合いが止まったときの参考になっていた。

　どのように，どんな言葉を使って話し合っていけばよいかという具体的な流れを，丁寧に指導することこそ，「言語力育成」の最も重要な方法である。特に，比較しながら観点にそって絞り込んでいく話し合いを学ばせるとき，話し合いの例の提示は欠かせない。これは「建設的な合意形成を目指した言語活動」に通じる方法である。

＜実生活に生きて働く言語力を目指した課題＞

・「事実を正確に伝える」「要点をまとめる」ための，段階を追った小さなステップを年間に計画する必要がある。
・話題・題材をできる限り，児童を取り巻く環境から取り上げ，必然性のある単元を構成していきたい。
・児童が「受けて返す」を基本とした話し合いのよさを，日ごろの話し合いから見つけられるような，言語環境の整備が必要である。

国語科／書くこと

6 「書くこと」で育てる言語力

PISAの結果で課題とされた記述問題への対応には、スキル指導だけでなく、因果律的な思考プロセスそのものを鍛える必要がある。

………………………………… **青山由紀**　筑波大学附属小学校教諭

❶　「書くこと」における言語力の考え方

(1)　言語力と「書くこと」のかかわり

　OECD学力調査の、「PISA型読解力が十分に備わっていない」という結果を受け、「言語力」の育成が強調されるようになった。PISA型読解力とは、文章や資料から情報を取り出し、解釈、熟考・評価した自分の考えを論述する一連のプロセスを指す。「読解力」とは言うものの論述することまでを含み、「テキストから情報を読み取ること」という狭義の「読解力」とは大きく異なる。ここでは自分の考えを論理的に、かつわかりやすく他者に伝えることが求められる。そのため、「書くこと」が不可欠となる。PISA型読解力は、読解力というよりも思考のプロセスそのものであり、思考力や判断力と言い換えられよう。したがって、「読み方」や「書き方」をスキル的に教えただけで対応できるものではない。そこで言語力を育成するために国語科の「書くこと」に求められるのは、次の四つ

の観点による授業づくりと考える。

① 文種に応じた「書き方」を身につけさせる

新学習指導要領では全ての教科・領域の教育活動において言語力の育成が強調された。そのため、「理科での観察・実験の記録・考察のレポート」「社会科見学の記録・報告」「自分の考えを論述し友達に説明する」「学んだことや調べたことなどを記述し、発表する」など様々な言語活動が意識的に仕組まれるようになってくる。これらの活動は全て「書く力」がベースとなる。いくら深く思考し意見をもっていても、表出されなければ認められない。表出する術、つまり「書き方」を身につけさせるのが国語科の責務である。

「書き方」は文章の種類によって異なる。物語などフィクションを創作するときには、物語構造に則ってプロットを立てる必要がある。また、意見文であれば、結論とその根拠を明確に根拠立てて書く必要がある。観察文は全体像を述べてから詳細を述べるといったように、それぞれ文種に応じた「書き方」がある。文種を列挙してみると、生活文、観察文、説明文、レポート・報告文、意見文・評論文、感想文・鑑賞文、創作文（詩・物語・短歌・俳句）、新聞と非常に多い。活動だけを仕組んでも、「書き方」が身についていなければ子どもたちは十分に表現することができない。内容を伴わない形だけのものに陥りかねない。限られた授業時数の中でこれらを身につけさせるには、「読むこと」の学習や他教科に題材を求めるなど連携した指導や単元構成の工夫が必須である。

② 「五つの意識」で単元を構想する：内容・目的・相手・場・活用

書く行為には必ず、書くべき内容と、「伝えたい、わかってほしい」「記録に留めておきたい」といった思いや目的が伴う。しかし授業となると、学習のねらいだけが先行し、学習者の思いは置き去りにされがちである。

単元を構想するには、内容・目的・相手・場・活用の五つの意識に留意しなければならない。まず重要なのは、学習者自身に書きたいという「内

国語科／書くこと

容意識」や「目的意識」を明確にもたせることである。この二つが意欲を高めさらに持続させ、学習のねらいを達成させることにつながる。それには、ねらいとなるつけたい「書く力」と文種や表現様式、内容や目的が合っているかどうかの吟味が必要である。題材を他教科の学習や学校行事に求め、連携しながら単元を組織することも効果的である。さらに「相手意識」「表現する場の意識」を明確にすることも条件となる。加えて、既習事項や既に身についているどの「書く力」を使うことができるか「活用意識」を学習者にもたせ、スパイラルな言語能力の習得を目指したい。

③ 書く内容を耕すプロセスでの思考力を育成する

書く行為は必然的に思考を伴う。思考・認識には、順序、比較、類推、分類、因果関係など様々なタイプがある。「書くこと」を積み重ねることによって、多様なタイプの思考を経験する。また、「書くこと」は思考の跡をたどることができるだけでなく、どのようなタイプの思考をしたのか意識させることもできる。書く行為そのものが、言語力育成の目的である論理的思考力や判断力、認識力を育むことにつながる。

④ 書くための基礎体力づくり

「書く」ためには、一定レベルの筆速、運筆力、視写力、聴写力、メモする技能、要約力など、「基礎体力」が必要である。例えば視写をさせたとき、1分あたり低学年が15～20文字、中学年が20～25文字、高学年では25～30文字程度の筆速は身につけたい。「書くための基礎体力」が土台になければ、いずれの教科・領域でも書く活動が十分にできない。国語科はこれらの基礎体力づくりも担っている。取り立て指導に限らず、常時活動やノート指導などでも鍛えることが肝要である。

(2) 「書くこと」における学年別の言語力の育て方

新学習指導要領には、「書くこと」の領域において次のように目標が示されている。

6 「書くこと」で育てる言語力

○第1学年及び第2学年：経験したことや想像したことなどについて，順序を整理し，簡単な構成を考えて文や文章を書く能力を身に付けさせるとともに，進んで書こうとする態度を育てる。
○第3学年及び第4学年：相手や目的に応じ，調べたことなどが伝わるように，段落相互の関係などに注意して文章を書く能力を身に付けさせるとともに，工夫しながら書こうとする態度を育てる。
○第5学年及び第6学年：目的や意図に応じ，考えたことなどを文章全体の構成の効果を考えて文章に書く能力を身に付けさせるとともに，適切に書こうとする態度を育てる。

　前項で述べたように，文種に応じて書き方や身につけたい力は異なる。ここでは非文学的文章に絞って，発達段階ごとの特徴を述べる。

　低学年の中心は，したことや出来事などを時系列で記述することである。言語活動としては，観察文や経験したことの記録文，物作りの説明書など手順や時間経過に留意して書くことが挙げられる。

　中学年では，段落相互の関係に注意して文章を書くことをねらう。「序論・本論・結論」の三部構成を意識したり，項目を立てたり，資料を効果的に使って書いたりする。それらが必然となるように，調べたことをレポートにまとめたり，新聞形式にまとめたりする言語活動を仕組む。高学年のねらいを見据えて，自分の考えが読み手に伝わる簡単な意見文を書かせたり，観察したことを詳しく表現する描写力をこの時期に身につけさせておく必要がある。

　高学年では自分の意見が読み手に伝わるように根拠を挙げたり，論の展開を意識したり，事実と意見とを書き分けたりすることをねらう。意見文やレポート，報告文といった活動の様式は中学年と大きく変わらない。しかし，目的や内容に応じて，引用や，図表，グラフなどを用いたり，詳述することと略述することを選択するなど，述べ方の工夫が要求される。

国語科／書くこと

❷ 「書くこと」における言語力育成の実践

(1) 第3学年における年間計画例（85時間）

月	学習内容	時数	言語力育成との関連
4	◆「物語の続き話を書こう」 『きつつきの商売』（「読むこと」の学習材）の第3場面を創作する。	4	・物語の基本構造を理解し，プロットを立てて創作する 〈基礎的・基本的な知識・技能〉 〈感性・情緒力〉
5 6	◆いろいろな作文1 「虫めがね作文」 対象を虫眼鏡でよく観察し，詳しく書く。 「おもしろいもの，見つけた」 身近なところで興味関心をもったものを友だちに紹介する文章を書く。	3 12	・描写力（色，大きさ，感触，比喩表現など） ・段落相互の関係を意識して書く力 〈基礎的・基本的な知識・技能〉 ・観察したことの記号化，発見，疑問，考え，意見，比較，分類・整理など 〈思考力〉
7	◆学級新聞を作ろう 地域や学校の歴史について，調べたことを学級新聞の形にまとめる。	8	・新聞作りの決まりごとを知る ・事実と意見を書き分ける力 ・文章を推敲する力 〈基礎的・基本的な知識・技能〉 ・調べたことの記号化，発見，疑問，考え，意見，比較，分類・整理など 〈思考力〉
9	◆「からから作文」 五感を使って時系列作文を書く。さらに因果律作文に書き換える。	7	・描写力（大きさ，色，香り，音，感触，味，比喩表現など） ・意見と根拠を書き分ける力 ・文章構成を意識して意見文を書く力 〈基礎的・基本的な知識・技能〉 ・観察したことの記号化，予想，推測，理由，条件，仮定など 〈思考力〉
10	◆いろいろな作文2「変身作文」 物や動物になったつもりで，それぞれの視点から自分の行動を書く。	3	・視点を意識して書く力（推量表現） 〈基礎的・基本的な知識・技能〉 ・客観化，抽象化，自己認識 〈思考力〉
11	◆「説明文を書こう」 ～『すがたをかえる○○』～ 『すがたをかえる大豆』（読むことの学習材）をもとに，大豆以外にすがたをかえる食材を調べ，説明文を書く。 「調べ方」を学ぶ。（図書館の使	10 10	・書く上で必要な事柄を調べる力 ・収集した資料や情報を効果的に使う力 ・文章全体における段落の役割を理解し，構成を考えて説明文を書く力 〈基礎的・基本的な知識・技能〉 ・比較，呼応（問いと答え），例

	い方，事典や図鑑の使い方など）		示，分類整理，抽象化（複数の事例から傾向や一般論を導く）など　〈思考力〉
12	◆「説明書を作ろう」 ものの作り方や技能の上達方法など，手順を説明する必要のある題材の中から書きたい事柄を選択し，説明書を書く。	10	・レポートの書き方を知る（項目立て，横書きのルールなど） ・手順をわかりやすく書く力 ・常体と敬体の違いを意識して書く力　〈基礎的・基本的な知識・技能〉 ・分類（項目，まとまり），全体と部分（中心と補足），抽象化（概括）など　〈思考力〉
1 2	◆「物語を作ろう」 〜『宝物を探しに』〜 宝島の地図をもとに，物語を創作する。	10	・物語の状況設定（人物，時，場，出来事）から展開まで，プロットを立て，物語を書く力 ・描写力（情景描写，会話文など）〈基礎的・基本的な知識・技能〉〈感性・情緒力〉 ・連想，時間順，推移，アレンジ　〈思考力〉
3	◆「お礼の手紙を書こう」 相手や目的を意識して礼状を書く。	3	・相手や目的に応じた礼状を書く力 ・表書きなど手紙の基本的な書き方を知る ・常体と敬体の違いを意識して書く力　〈基礎的・基本的な知識・技能〉

※85時間中，80時間分の指導計画を示した。その他の5時間に教科書の手引きにおける書く活動や，文集などの生活作文をあてる。

(2) 「書くこと」の学習指導の現状と問題点

　作文は「時系列作文」と「因果律作文」という二つのタイプに分けることができる。「時系列作文」とは，起きた出来事などを時系列に沿って述べる文章である。これに対し，「因果律作文」とは，「自分はこのように考える」「自分の立場はこうである」と先に主題を述べ，後からその原因を説明する構成の文章である。このように物事を「原因―結果」という関係性でとらえる思考は，論理的思考や説得表現の育成に密接にかかわる。

　低学年では，時系列で書くことをねらいの中心とし，「時系列作文」が生活作文や行事作文として丁寧に指導される。一方，「因果律作文」は高

学年で意見文を書くまで，指導されることがほとんどない。因果律で書くこと以前に，因果律で思考する経験や訓練を受けていないため，自分の意見をもったり，さらにその根拠を挙げたりすること自体が難しい。

　構成指導にも問題がある。生活作文，説明型作文，説得型作文（意見文も含まれる）のいずれも「はじめ・なか・おわり」という三部構成で指導している。「なか」に書くことは，状況なのか，手順なのか，根拠なのか，心情なのかが明確でない。「主題の提示・主題の証明・結論」といったように，全体構成における役割を具体的に示す必要がある。この構成指導もまた，時系列と因果律，それぞれの特徴や違いを理解し難くしている。

　PISA調査の結果から，意見と根拠を述べることを求められる記述問題に対する弱さが課題とされた。この要因には，因果律的思考を鍛えてこなかったことと，それを表現する因果律作文を書かせてこなかったことが挙げられる。まずは，因果律的な思考をさせたり，因果律で文章を書く経験をさせることから始めなければならない。高学年でまとまった意見文を書かせる前段階として，中学年から身の回りの事象や現象に対して自分なりに意見をもったり，経験したことを評価したり，自分なりに意味づけたりしたことを「主張」する活動を組織したい。次に，時系列作文から因果律作文への橋渡しとなる中学年の実践を示す。

(3) 実践例「からから作文」（第3学年）：時系列作文から因果律作文へ
① 単元の目標
・五感を使って得た情報を読み手に伝わるように描写することができる。
・疑問や推測など思考したことを文章に書き表すことができる。
・出来事の評価とその理由を因果律作文として構成に注意して書くことができる。
・主張に対して，適切かつ十分な理由であるか批評し合ったり，自己評価することができる。

② 活動の流れ（全7時間）

第1次　五感を使って時系列作文を書く（2時間）

　まず，描写力を鍛えるために五感を使った作文を書かせた。五感を使わざるを得ない状況を設定するために，素材として「からから煎餅」（山形県の郷土菓子）という袋状になった河原煎餅の中に郷土玩具が入っているものを使用した。さらにこれを中身が見えないように紙袋に包んで提示することで，五感をフルに活用させるようにした。実際，子どもたちは中身が知りたくて，透かして見たり，香りを嗅いだり，振って音を聞いたりした。また，自然と予想，条件，仮定（もし～だったら）といった思考も働く。推測したことや疑問に思ったこと，感じたことなども表現される。袋の外側から見て，中を取り出して，味わってと行動を区切っては目の前で起きていることや考えたことを文章化させた。当然，時系列作文となる。中に入っている玩具も一つ一つ違うため，好みのものが入っていた子ども，そうでない子どもと様々な思いをもつ。同じ出来事にも関わらず，味や玩具の好み，感じ方などの違いから，書き上がった作文はそれぞれ随分異なる。これらの「違い」が第2次の活動のベースとなる。

第2次　因果律作文を書く（5時間）

◆共通体験を評価して因果律作文を書く（③時間）

　まず，「『からから作文』の授業は自分にとってどのような時間（出来事）であったか」を評価させた。評価の言葉には，うれしい，楽しい，がっかり，おいしい，得をした，ためになったなどが見られた。

　次に，評価した根拠をできるだけたくさん箇条書きさせ，その中から「主張」を支持するウェートの高い順に「理由」を三つ選ばせた。ここでの「順序性」は説得度や重要度の順位であり，時間や手順の順序とは異なる。

　最後に「文章構成モデル」（次ページの資料3）を示し，9段落の段落番号作文にまとめることを教えた。

国語科／書くこと

資料１：第１次【時系列作文】

「では、目をあけてください。」
と青山先生がゆっくりと言いました。ガサゴソと音がしました。目をつぶっている間、おかしが配られているのだと思いました。
　小さな紙ぶくろが１つ、おいてありました。さわってみると、三角形の形をしたものが入ってきました。おもちかなと思いました。においをかいでみましたが、においはしませんでした。ふくろをふってみると、ウーサラ一度、今度はココアを間においがしてあふからふくろに入っているのでお店で買ったのだと思いました。
　その時、先生が、
「もうあけてもいいですよ。」
と、わらいながら言いました。ねんの時がきたと思いました。三角形のはおかしでした。その中に白い物が入っていました。まるで草加せんべいのようでした。石井さんとくらべてみると、真ん中のあなの大きさがちがいました。中に、Ⅰ等、Ⅱ等、Ⅲ等と書いてあるのだと思いました。
　　　　　　　【↑三つ目の理由】
は山本君が、がまんできず、
「なめてもいい？」とたずねました。
つい、
「かじってもいいですよ。」
という声がしました。そして、かじってみると、昔の味がしました。
　　　　　　　【↑二つ目の理由】
三角形のおかしの中に入っていた物は、ピンクのぬのの貝のおかしでした。ぼくはんでみました。
　　　　　　　【↑一つ目の理由】
ふしぎに思ったのは、せんべいはやけているのに、中の紙やおもちははやけけていしていないことです。

資料２：第２次【因果律作文】
　　　（検討前のもの）

① からから作文を書いた時間は、ぼくにとってがっかりなひとときであった。
② そのわけは、三つある。
③ 一つ目は、中のおもちが女の子用だったからである。
④ それはピンクのぬのの貝だったがぼくは男子だから、しまうまのりまがよかったのだ。
⑤ 二つ目は、おかしがわれてしまったからである。
⑥ 食べる前にわざと落としてみたら、りはなならになってしまった。これではたべられないのだ。
⑦ 三つ目は、おかしの味がきらいな味だったからである。
⑧ 苦くてココアの味がしたから、ぼくは飲みこんだ。あまい味だったらよかったのだ。
⑨ このように、からから作文の授業は、ぼくにとってがっかりできごとであった。

資料３：「因果律作文」の文章構成モデル

① からから作文のじゅ業は、わたしにとって □□な時間であった。
② そのわけは、三つある。
③ 一つ目は、□□からである。　←理由１（一文で書く）
④ ③の説明
⑤ 二つ目は、□□からである。　←理由２（一文で書く）
⑥ ⑤の説明
⑦ 三つ目は、□□からである。　←理由３（一文で書く）
⑧ ⑦の説明
⑨ ①で言ったことをもう一度言う。（ねんおしする）

6 「書くこと」で育てる言語力

◆「～なできごと」クイズを行う（①時間）

「原因―結果」の関係の理解を深めるために，根拠から主張を当てるクイズを行った。子どもの作文を取り上げ，「理由」を述べた第3，第5，第7段落を順次示し，「～なできごとであった」という「主張」を推測させたのである。これは根拠としての妥当性や説得の順序性の検討に有効であった。また，理由を短く述べ，後から説明を加えるという「理由」と「説明」の段落の役割の違いを理解させるにも有効であった。

◆因果律作文と時系列作文の違いや特徴に気づく（①時間）

同じ児童の書いた時系列作文と因果律作文を提示し，比べさせた。

「因果律作文」で挙げられている3つの理由が，「時系列作文」のどこに書かれているか探させた（資料1，資料2）。すると，二つ目の理由に対応する文章が元の作文にはないことや，書き加えたとしても三つ目の理由より前にあることに気づいた。さらに一つ目の理由が「時系列」では，最後になることと合わせて，「時間の順序」と「理由のウェートの順序」は違うことを全員が理解することができた。その他，子どもたちから出された意見をまとめたものが右表（資料4）である。

時系列の文章ばかり書かせていたのでは思考力は育たない。思考力の育成には，因果律の文章も書けるように指導する必要がある。因果律の文章を書くには，必ず自分の判断や評価を下さなければならないからである。本実践は中学年としての提案であるが，発達段階に応じて低学年や高学年での実践も求められる。

資料4

「時系列」作文	「因果律」作文
「お話」タイプ	「説明文」タイプ
長く詳しい	短くまとまっている
どんな出来事がおきたのか中身が詳しい	出来事に対してどう思ったかがぱっとわかる
言いたいことが最後	言いたいことは最初
「なか」の部分に事実が書かれている	「なか」の部分に理由が書かれている
袋を開ける前のことが中心	袋を開けた後のことが中心
出来事がおきた順序	出来事がおきた順序ではない・理由の順序
会話文がある	会話文がない
敬体文が合う	常体文が合う

国語科／読むこと

7

文学的文章の指導を通して
育てる言語力

言葉を通して状況や心情を理解する能力を育てる。叙述に即した読みにより，言葉は文脈の中で生きて働いていることを学ばせたい。

.... 松木正子　お茶の水女子大学附属小学校教諭

❶　文学的文章における言語力育成の考え方

(1)　言語力育成における文学的文章の役割と意義

　国語科教育の中で文学的文章の役割としては，中教審の答申で，特に「言語文化と国語の特質に関する事項」を設けられたことにあるといえよう。そこでは，「我が国の言語文化に親しむ態度を育てたり，国語の役割や特質についての理解を深めたり，豊かな言語感覚を養う」と特筆され改善の具体的事項が示されている。その中では「物語や詩歌を読んだり書きかえたり，演じたりすることを通して言語文化に親しむ態度を育成する」と記述された。これを受けて物語や詩歌のような文学的文章では「豊かな言語感覚」や「感性や情緒を育む」ことを担うことになる。このような心の奥に育むような力は一朝一夕に身につくものではない。日頃の積み重ねが求められる。

　人物の気持ちを読み取るとか文章を読んで情景を思い浮かべるというの

7　文学的文章の指導を通して育てる言語力

は，誰にでも生まれつき備わった能力のように感じられるが，子どもと接し生活を共にしているとこのような力は学習によって身につけていくのだということがよくわかる。子どもたちの中には怒っている自分や不快に思う自分は感じられても，他人も同じように感じているのだということが理解しにくいという子どもがいる。自分を相手におきかえて考えたり，相手の立場になるということが取り立てて指導される必要性があるのだ。

核家族化し家族構成が小さくなる現実の中で子どもたちは相手の仕草や表情を読むという経験が少なくなっている。自分の気持ちを言葉で表現し言語により理解し合うというような体験が少ない。相手を気遣うことや人とのかかわりを学ぶということは，多くの人々とふれあう中で身につけていく力であり，家族や友だちの中で培い育まれていくものである。まして国や時代を超え，職業や年齢の異なる人物の心情を想像を働かせ豊かに理解するのはもっと高度である。経験しなければわからないというのではいつまでもわからないままで終わってしまう。普遍的な状況で理解するすべを持つことが求められるのだ。

だからこそ，文学的な文章を学校教育の中で学ぶことの意義がある。クラス全員が同じ物語を学ぶということは，そこに描かれた設定を言葉を通して理解し，ある人物やその状況を共有することである。言葉で描かれた世界をともにし，そこに話し合いが成立するからこそ考えを交流することができる。友だちの意見の中に自分の知らなかった視点を学び，自分という殻を大きく広げていくことができるであろう。この積み重ねが場や時代を超えた普遍的な心情の理解となる。

このように考えると，文学的な文章を学ぶということは，作品自体に向き合い登場人物を通して作者と関わるだけでなく，自分と向き合い，友だちと関わり，最終的には人間性を育むことになるのである。

国語科／読むこと

(2) 文学的な文章の読み取りにおける言語力育成とは

　文学的な文章の読み取り学習で育成される言語力とは，言葉を通して状況や心情などを理解することができる能力である。これこそが「生きる力」として様々な場面に応用することができる力といえる。
　・語彙を豊かにし，感性・情緒の基盤となる言語力を育成する。
　・読書のおもしろさを知り，言語体験を豊かにする。
　文学的文章を読み取る学習では，言葉は文脈の中で生きて働いていることを学ぶことから始まる。同じ桜色でも，薄墨の桜色と八重桜の濃い色とでは，頭の中に浮かんでくる状況は変わってくる。「桜貝」「桜餅」どれも「桜」にちなんだ色であるがその色合いや感触は異なる。このような言葉を文脈の中でふれ，その状況の中で学ぶことによって，微妙な言葉のニュアンスを含めてその言葉や概念を獲得することができる。これが「叙述に即して読む」ということである。見たこと，聞いたこと，ふれたことのない概念にふれ，それを学ぶことによって，語彙を広げ，知識を増やす。獲得された言葉や概念は，自分から発信するときに伝えたい状況を説明するのにぴったりの言葉として蓄積されていくのである。
　日常生活でなかなか触れることができないものもある。たとえば小学校３年生にとっては，ダイアル式の黒電話である。我々にとってはあたりまえのものだが携帯電話時代の子どもにとってはプッシュ式の電話以外はなじみのないものである。このような子どもたちは，「電話」について書かれている文章で，「〇〇は，ダイヤルにかけた指をふと止めた。」という文章に出会ったとき，どう理解するのだろうか。わからないときには，何を思い浮かべるのだろう。「ごんぎつね」に「中山様のお城」とあったときに「ディズニーランドのシンデレラ城」を想像していた子どもがいた。これでは，「ごん」の世界が想像できない。どのように作者の描こうとした世界に近づくことができるのか，どのような言葉を手がかりに場面や人物の姿を想像し読み進めるのか。その指導の必要性が求められるのである。

物語の世界に浸らせ，豊かに読み取ることができるようにすることができ，その積み重ねを通して，自分で想像することのおもしろさや物事の理解が深まるのである。子どもの感想で，「みんなで考えていくうちにそれまで特におもしろいと思わなかったお話がとてもおもしろくなりました。」とあった。学習によってより豊かに想像することができ，おもしろさが増したのである。これが読書のおもしろさに通じる。

❷ 文学的文章の学習で言語力を育てる方法

(1) 「自ら学ぶ」学習にするためには

中教審から示された「改善の具体的事項」には，「物語や詩歌などを読んだり，書きかえたり，演じたりすることを通して」と具体的な学習活動を通して言語力をつけるように示されている。

「学習過程の明確化」では，「自ら学び，課題を解決していく能力の育成を重視」している。「読むこと」については「音読や解釈，自分の考えの形成及び交流，目的に応じた読書という学習過程」が示される。

子どもが「自ら学び，課題を解決していく」ような学習にするためには，子どもなりに学びの「見通し」を持つことが求められる。どのように学ぶのか，どうしたら課題を持つことができるのか，課題を解決するにはどのような方法があるのか，こういった一つ一つに対して子ども自らが解決の手法を持つことができるとよい。

まず，音読し学ぶべきことへの見通しを持つ。次にどのように学ぼうとするのかという学びの方法を理解する。作品によっては読み浸ることがよいものもある。用語や状況が理解しにくいものは，意見を交流させながら深く読み取ることが必要である。また，「書きかえ」や「演ずる」というように表現活動と結ぶことによってより豊かに理解できる場合もある。それぞれ，学級や作品によって違ってよいだろう。

国語科／読むこと

　学びの形態についても「一人学び」「グループ学習」「学級集団で学ぶ」というように自己との対話，あるいはグループでの話し合い，学級での集団での学び合いといったさまざまな学びの形態がある。作品によっては，インタビューに行く，外部講師を招くなど幅広く学ぶこともあろう。このような学び方についても子どもなりに見通しを持って学習できるようになることが望ましい。

(2) 学年別の言語力の育て方

　学習指導要領では，指導事項を低，中，高学年と2学年ずつ区切って示している。文学的な文章についての記述は以下の通りである。低学年では，様子や気持ちを想像するにとどまるが，中，高学年になると自分なりの考えを持ち，それぞれについて交流することが求められるようになる。また，高学年では，「読み比べ」て「自分の考え」を書く。それぞれに言語活動例が示されているのでそれを取り入れた授業のアイデア例を示す。

各学年における「C　読むこと（文学的文章）」の指導事項と授業のアイデア

学年	目標	授業のアイデア
低学年	・語のまとまりや言葉の響きなどに気をつけて音読する。 ・場面の様子について登場人物の行動を中心に想像を広げながら読むこと。 ・文章の中の大事な言葉や文を書き抜くこと。 ・文章の内容と自分の経験を結びつけて自分の思いや考えをまとめ，発表し合うこと。 ・楽しんだり知識を得たり	・一斉読みや一人読み，グループ読みなど，いろいろな読み方をしながら声に出して読むことの心地よさを学ぶ。 ・「　」を意識して役割を決めて音読したり，紙芝居や劇にして読むことを楽しみながら人物の気持ちを想像する。 ・好きな場面や心に残った所などを絵と文で書いてみる。 ・お話を読んで思ったことや，考えたことなどをノートに記述し発表し合う。 ・読み聞かせを聞く。絵で記録したり絵

7 文学的文章の指導を通して育てる言語力

	するために本や文章を読むこと。	と文で記録したものを紹介し合う。
中学年	・場面の様子がよくわかるように音読すること。 ・場面の移り変わりに注意しながら，登場人物の性格や気持ちの変化，情景などについて，叙述を基に想像して読むこと。 ・文章を読んで考えたことを発表し合い，一人一人の感じ方について違いのあることに気づくこと。 ・目的に応じていろいろな本や文章を選んで読むこと。	・音読の記号を使ったり，グループで場面を受け持ったりして読み方を工夫する。 ・物語を時間や場所，人物によって場面分けをしてみる。それぞれの場面での人物の心情をその行動や「　」(会話)の中から想像し話し合う。 ・人物の行動について自分なりの考えを持ち交流する。違った感想を持ったときには何を根拠にそう考えたのか，互いの考えを理解するようにつとめる。 ・物語に関連ある他の本を読み，紹介し合う。（戦争の話，同じ作者の他の本など）
高学年	・自分の思いや考えが伝わるように音読や朗読をすること。 ・目的に応じて，本や文章を比べて読むなど効果的な読み方を工夫すること。 ・登場人物の相互関係や心情，場面についての描写をとらえ，優れた叙述について自分の考えをまとめること。 ・本や文章を読んで考えたことを発表し合い，自分の考えを広げたり深めたりすること。 ・目的に応じて，複数の本や文章などを選んで比べて読むこと。	・音読を録音したり学校放送などで朗読したりするなど聞き手を意識して読むような機会をつくる。 ・伝記のように同じテーマで書き手によって異なる作品について，読み比べて違いに気づく。 ・人物の関係や情景を描写を手がかりに読みとり自分なりに考えをまとめる。 ・新聞のような形に書き表し考えを交流する。 ・夏休みや冬休みのような長期の休暇を生かして読書に親しみ，その中から1冊の本を紹介する。発表する際には，推薦理由を言う。 ・「戦争」「家族」のようなテーマを決めたり作者のように人物を決めたりして読み比べ自分の考えを表明する。

国語科／読むこと

(3) 年間計画の例（第3学年）

　3学年の文学的文章の指導において言語力育成を視野に入れた年間計画を組む場合の考え方と実践例は次のように考えられるだろう。

月	学習内容	時数	言語力育成との関連
4	巻頭詩を読む。	1	・場面の様子がよくわかるように音読する。
5	物語を読む（1）	10	・人物の性格や状況を理解して，読み方を工夫することができる。
	詩を読む	3	・叙述を基に想像することができる。
6 7	本と友だちになろう	10	・読み取った内容について自分の考えをまとめ一人一人の感じ方に違いのあることに気づく。 ・いろいろな読み物に興味を持ち読むこと。
9	物語を読む（2）	14	・場面の移り変わりや情景を叙述を基に想像しながら読むこと。
10 11	短歌や俳句を楽しむ	4	・短い言葉で表現されたものを読み言葉の響きを楽しむ。
12	伝統芸能に親しむ	8	・落語や狂言に親しみ，自分でも表現してみる。 ・おもしろいところなど自分の言葉でまとめ感じ方の違いがあることに気づく。
1 2	物語を読む（3）	12	・場面の移り変わりを理解し，叙述を基に人物の気持ちを想像しながら読むこと。
3	学習を生かして	8	・これまでの学習を生かして自分で課題を持ち，読み進めることができる。

❸ 文学的文章における言語力育成の実践

　3年生の物語の学習で子どもたちが言葉に注目して，自分たちで問題を出し合い学習する実践を紹介する。人物の気持ちや戦争下における状況を子どもたちなりに言葉を手がかりに想像しながら読み進める実践である。

7 文学的文章の指導を通して育てる言語力

(1) **単元の概要**

○学習場面 「ちいちゃんのかげおくり」(あまんきみこ 光村4下)における問題づくりの学習から

○指導目標
  ・場面の移り変わりや情景を叙述を基に想像しながら読むことができる。
  ・友だちの考えを尊重し,ともに考えを深め合う。

○指導の重点
  ① 自分なりに読み取り,読み取ったことをもとに考えを交流し合う。話し合うときには,文中の言葉に即して考えられるようにする。
  ② 異なった考えに対し,相手の意見を尊重しながら自分の考えを持つことができる。

○単元計画 (14時間)
  ・全文を読み,学習の見通しを持つ。 (2)
  ・「ちいちゃんのかげおくり」を読み,理解する。 (2…本時3／7)
  ・わかったことを基に自分の考えを書き友だちと比べる。 (4)
  ・言葉の学習をする。 (1)

(2) **本時の実際 (2／7時)**

  ① めあてと展開

【めあて】
・文脈に沿って場面の様子や登場人物の気持ちを考えることができる。
・人の考えを聞きながら,自分の考えをまとめることができる。

【予想される本時の展開】

学習活動	留意点
1. 本時の範囲を確認する。	第2場面(空襲の夜)を学習することを確認する。

国語科／読むこと

２．問題を確かめる。	・前もって自分の作った問題を板書しておく。（書き手は読みやすいように書く。受け手は，問題文を書き写す） 本時の範囲を音読し確認する。 ＜問題＞ ①夏の初めのある夜，ちいちゃんが起きたのはなぜでしょう。 ②風の強い日でした。「こっちに火が回るぞ。川の方に逃げるんだ。」とありましたがそのときのお母さんの気持ちはどうだったでしょう。 ③なぜ，お母さんは「さあ，ちいちゃん，お母さんといっしょに走るのよ。」といったのでしょう。 ④「お母さんは後から来るよ。」といったおじさんはどういう気持ちだったでしょう。 ⑤「でも，その人はお母さんではありませんでした。」の時のちいちゃんの気持ちはどうでしょう。 ⑥お母さんは，お兄ちゃんとちいちゃんとばくだんからにげているとき，一番だいじにしていたことはなんでしょうか。
３．それぞれの問題について，話し合う。	＜話し合い＞ ・それぞれの問題を出した子どもが，前に出て司会をする。教師は，板書をし，話し合いの補助。必要に応じて深めたり，確認するように促す。
４．わかったことを生かして音読する。	・問題を出した子どもは，話し合いでわかったことをまとめて交代する。
５．次時の予告をする。	・次の場面の問題を作り，板書する担当を決める。

② 学習の実際

　本時の授業の中にも示したように，子どもたちは本文を読み自分なりに問題を用意する。問題は自分で読み取ったことを基に答えを用意している場合もあるし，自分では答えが見つからずみんなで考えたいというものを出す場合もある。問題を出す子どもは，その都度希望者，もしくは範囲によっては，機械的に決められる。従って問題が偏る場合もあるし，やさしい問題になることもある。「ちいちゃんのかげおくり」の学習の時期では，

7 文学的文章の指導を通して育てる言語力

まだなれていないがもう少し学習を繰り返すことによって,「人物の気持ち」や「情景を読み取る」といっためあてに即して子どもたちなりに考えられるようになる。

　この学習では, 6問提出された。たとえば④では, 問題に対してMの「おじさんはみんなでにげようという気持ち, ちいちゃんがひとりぼっちになってしまう」という意見が出されたのに対して出題した子どもは「それもいいと思うのですが, ぼくの答えはちょっと違う。」と返している。それで, N「はぐれておどおどしていた。おじさんがもしちいちゃんだったら困ったと思うから」, Y「なぐさめ」などのつけくわえがでた。それに対してこの子は「おじさんも必死だから, そこまでは……」と次の答えを待つ。すると,「この子が焼け死んだら大変だ。と思ったのでは？」という意見も出てくる。はっきりと答えを出すだけでなく, 子どもが出題しているのでお互いに何とか文脈をもとに考えようとする。このように学習が進んでいくのである。

(3) 実践の成果と課題（言語力育成を視点として）

① 子どもたちに叙述をもとに考えるという意識が強くなった。
② 話し合いの過程で互いの意見の異同を知り, 多面的に考えられるようになった。
③ 自分で疑問を持ち, 深く考えることで物語のおもしろさに気づくことができるようになった。

　これらは, この学習の利点である。子どもたちなりに文章に主体的に取り組み, わからない言葉も自分たちで獲得していこうという意欲が見えてきた。

　課題としては, 考えの違いがあったときにどうすりあわせていくか, 考えのどこが違うかということが中学年ではまだ理解が難しいところがある。繰りかえしの学習が必要であろう。

国語科／読むこと

8

論理的説明的文章の指導を通して育てる言語力

事柄と事柄，言葉と言葉，部分と全体の関係性を，口頭で，文章で，的確に説明できる力をつける授業づくりをめざす。

....　吉川芳則　兵庫教育大学大学院教授

❶ 論理的説明的文章における言語力育成の考え方

(1) 論理的に理解し，表現する力を育てる

　言語力育成者会議（2007）では，言語力を「知識と経験，論理的思考，感性・情緒等を基盤として，自らの考えを深め，他者とコミュニケーションを行うために言語を運用するのに必要な力」と定義した[1]。思考，認識，伝達の道具としての言語の機能を明確にしており，論理的説明的文章（以下，説明的文章）指導の観点からは，論理的に理解し，表現する力と捉えることができる。

　ただ，言語のこうした捉え方自体は別段目新しいものではない。これまでにも指摘されてきたことであり，こうした言語観に立った実践の取り組みもなされてきた。しかし，実践的に十分に成果が上がってきたかどうかとなると，難しいところである。

　また，先の定義に続いて「自らの考えを深めることで，解釈や説明，評

価や論述する力を伸ばす」ことをめざすとして，クリティカル・リーディング（批判的読み）や，自らの考えを深めること（自己内対話）も重視している。これらを説明的文章を読むことの学習に引き寄せてみると，論理的，批判的，評価的に文章を読み，得られた内容面，表現面の情報をもとに自己の考えを構築し，それを論理的，説得的にわかりやすく表現し，伝えていく力の要請と捉えられる。

具体的な学習活動としては，以下のようにも示されている。（記号を付して箇条書きに改めた。）

　ア　根拠や論理（推論）に基づいて，筋道立てて考えを説明する。
　イ　概念の意味を理解し，その概念を用いて説明する。
　ウ　情報の意味を解釈し，説明する。
　エ　目的意識をもって，自らの有する知識・経験と結びつけて分析・評価する。
　オ　比較考察や批判的検討を加える。
　カ　自分なりの意見を論述する。
　キ　客観的に論証する。

これらは国語科に限らず，どの教科等の学習でも大切にされねばならい言語能力であり，言語技能である。エの「目的意識をもって」「自らの有する知識・経験と結びつけて」や，オの「批判的検討を加える」などはPISAの学力調査結果を受けて強調されたものであり，従来の学習指導においては弱かったものである。

また上記の思考活動は，当然のことながら，すべて言葉で行うことになる。「説明する」という行為はもちろん，その前提となっている「根拠や論理（推論）に基づ」くことも「概念の意味を理解」することも，すべて言葉によって行う。言葉の力を育てる基盤教科である国語科の責任は重い。

報告書においては，国語科としては，上記の内容を受けて「段落相互の関係や論理の一貫性など，文章の内容や展開，構成等に留意しながら，論

証の確かさや説得力などについて評価を行った上で論文を書かせる」ことが具体的に提案されている。しかし、説明的文章指導においては、ア～キの学習活動を学年の発達段階に即して積極的に展開することを考えたい。

(2) 説明的文章における学年別の言語力の育て方

(1)では、説明的文章指導の観点からの言語力を「論理的に理解し、表現する力」と捉えた。そこで、論理的思考力・表現力の観点から、学年別の指導のあり方について先行研究を検討してみたい。

まず平成20年版学習指導要領の「読むこと」領域では、「説明的文章の解釈に関する指導事項」として、以下の内容が各学年に位置づけられた。

第1学年及び第2学年
　時間的な順序や事柄の順序などを考えながら内容の大体を読むこと。
第3学年及び第4学年
　目的に応じて、中心となる語や文をとらえて段落相互の関係や事実と意見との関係を考え、文章を読むこと。
第5学年及び第6学年
　目的に応じて、文章の内容を的確に押さえて要旨をとらえたり、事実と感想、意見などとの関係を押さえ、自分の考えを明確にしながら読んだりすること。

順序→段落相互の関係や事実と意見の関係→要旨の把握、事実と感想、意見などとの関係、という段階を置いている。

国語科教育の分野においては、櫻本(1995)が論理的思考力を「知覚する力」「関係づける力」「意義づける力」の大きく3段階で捉えた上で、中核となるのは「関係づける力」であるとした。さらに「関係づける力」を具体的な力に細分化し、「定義づける力」「類別する力」「比較する力」「順序をたどる力」「原因や理由を求める力」「推理する力」で構成されると捉えた[2]。そして、こうした力を説明的表現の力をつける授業構想につなげ

る場合の指導の重点化について，次のような系統案を提示している[3]。

　　1年　「比較」
　　2年　「比較」「順序」
　　3年　「理由づけ（因果関係）」「類別」
　　4年　「理由づけ（因果関係）」「定義づけ」
　　5年　「理由づけ（因果関係）」「推理」
　　6年　「理由づけ（因果関係）」「推理」

　また難波（2006）は，論理力＝論理的読解力＋論理的思考力＋論理的表現力と定義した上で，論理の種類を次の三つの群に分け，段階を設定した[4]。

　　「順序」（主に1，2年）
　　「一般―具体」「概観（全体）―詳細（部分）」（主に3，4年）
　　「原因―結果」「理由―主張」（主に5，6年）

　ただし，自分の考え（主張）を理由（根拠）をもって考えたり発言したりすることは必要であるととして，「理由―主張」の論理については，低学年段階より順次「単数の理由」から「複数の理由」へ，さらには「複数のカテゴリー」へと徐々にレベルを上げて位置づけることを提案している。

　3者に共通しているのは，低学年段階で順序を読むことを位置づけていること，中学年から高学年にかけて「段落相互」「理由付け（因果関係）」「理由―主張」などのように，関係性を捉える読みを継続的，発展的に位置づけていることである。

　これらを基本的な言語力として段階的に重点を置いて指導するとともに，あわせて順序や関係性を捉えるために必須の「比較」の思考を低学年段階から，具体と抽象（一般）を結ぶ思考を中学年から指導したい。また，関係性の中でも，全体と部分を結ぶ思考を中学年以降に指導していきたい。

国語科／読むこと

❷　論理的説明的文章における言語力育成の実践

(1)　第３学年及び第４学年における説明的文章の年間指導計画
　①　基本構造としての「はじめ―中―終わり」の意識化
　ここでは，中学年を対象に年間指導計画のあり方について述べる。
　まず説明的文章の読解において重視したいのは，論理展開のあり方についての理解である。すなわち，説明的文章の基本的な展開構造である「はじめ―中―終わり」（高学年では「序論―本論―結論」）である。わかっていて当然のことのように思えるが，高学年になってもこうした論理展開の基本構造を自覚していない児童は少なくない。
　説明的文章の授業では，問題提示をしている文を見つけ，それについて読み取ることになっても，それが「はじめ―中―終わり」の展開構造と対応させた形でなされないことが多い。書かれている内容を論理展開との関係で捉えようという意識が希薄なまま読むことを繰り返すのである。これでは，文章を部分的に読むこと，前から順番に読むことはできても，全体をおおまかにつかみ，当該文章では何について述べ，どのような結論を出そうとしているのか，またその結論は妥当であり，納得できるのかを速やかに判断できるような読み方はできない。
　②　「中」の読み方としての具体化，抽象化
　「はじめ―中―終わり」の読み方としては，具体的には「中」のあり方をどのように読むかが重要である。また，「中」のあり方との関係性で「はじめ」「終わり」のあり方をどのように捉えるかが大事である。
　この点について澤本（1991）は，第３学年の説明的文章の学習指導として，「中」の部分の読み方では「具体的事例」の意味を適切に捉えること，読み取った「具体的事例」の内容を全体に結ぶことを強調している。実感のない抽象的な「中」の読みに陥らないこと，全体の論理の展開構造の中で読むことの重要性を説いている[5]。

③ 年間指導計画作成上の留意点

これらの考え方を視野に入れ，以下の4点に配慮して，第3学年及び第4学年における説明的文章の学習指導の年間指導計画を作成した吉川（2003）の取り組みがある[6]。

A　2年間のどの単元においても「はじめ―中―終わり」の枠組みを繰り返し意識させる。例えば，「中」を読む際には「はじめ」「終わり」で述べられている事柄との対応，整合性を確かめながら授業を進める，などである。

B　「中」を読む際には，設定された問題の説明や答えを具体的に捉えさせることを重視する。

C　「はじめ―中―終わり」の展開構造をメタ的に把握させる学習活動を位置づける。

D　「はじめ―中―終わり」の展開のあり方を評価して書く活動を3年生から4年生へとふやしていき，論理の展開構造のメタ的把握の力をさらに高めるようにする。

2年間で実践した説明的文章教材は，次のとおりである。

3年　「めだか」（6月），「ありの行列」（7月），「もうどう犬の訓練」
　　　（10月），「くらしと絵文字」（1月）

4年　「カブトガニを守る」（6月），「キョウリュウをさぐる」（7月），
　　　「何を覚えているか」（11月），「体を守る仕組み」（1月）

教科書教材としては2～3教材が普通であろう。それに比べて4教材を位置づけており，使用している教科書以外の教材も，投げ入れ教材，差し替え教材として用いている。「はじめ―中―終わり」の展開構造への意識化，具体化する読みの推進，さらには，それらをメタ認知させ自覚的な読みを促そうとしているところが特徴的である。また，2年間の中で継続的，段階的に力をつけさせようとしている点も重要である。教材の差し替え等も，こうしたねらいに合致するものとして行っている。

国語科／読むこと

　実際には，単元数の面でのこうした特別な状況はなかなかとれないかもしれない。しかし，与えられた実践条件の下で，意識として先に示したA～Dに配慮した学習指導を行おうと試みることが，意図するねらいを達成するためには必要である。

(2) **特徴的な指導事例：具体と抽象を結ぶ読み**

　ここでは，中学年段階を中心に，説明的文章における言語力育成の観点から重視したい関係性としての具体と抽象を結ぶ読みのあり方について，3年生の1月実践「くらしと絵文字」の実際について述べる[7]。

① 目標
○日ごろ何気なく見ていた絵文字は，そのわかりやすさ，親しみやすさによって，時代，国，文化を越えて普及し利用されていること，また今後のくらしの中での価値や役割が増大していくことを読み取る。
○絵文字の特長など抽象的に書かれている事柄について具体的内容を推し量ることができる。
○興味を持って身近な生活の中にある絵文字を収集し，本文に書かれている特長と対応させて，それらのよさを書いたり，話したりして説明することができる。

② 単元計画（全7時間）
第一次　通読，感想，言葉の学習＜既有知識とのずれを「知る」段階＞
　　　　　　　　　　　　　　　　　　　　　　　　　　　　（2時間）
第二次　くらしと絵文字とのつながりを太田さんがどのように説明しているのか解き明かそう＜筆者の発想や考え方を「探る」段階＞
　　　　　　　　　　　　　　　　　　　　　　　　　　　　（3時間）
第三次　くらしの中にある絵文字のよさを伝えあおう＜自己の発想や考え方を「広げる」段階＞　　　　　　　　　　　　　（2時間）
　教材本文の読みにおいては筆者の考え方や表現の仕方を学習の課題とし，

最終段階では，学んだ内容，表現形式と課外活動による主体的な調べ活動，収集活動の内容とを合わせて総合的な言語活動を展開する筋道とした。

③ 授業の実際

以下では，第二次＜筆者の発想や考え方を「探る」段階＞において，「中」の部分を対象とした授業（第2時）について示すことにする。

絵文字の三つの特長それぞれの述べ方としては，冒頭センテンスで特長を結論的に一般化して述べ，後続部分でそのように考えられる根拠を具体的な絵文字の表現のされ方によって解説する，というパターンをとっている。したがって，冒頭センテンスで抽象的に述べられている絵文字の特長を後続の解説部分と具体的，実感的に結び，納得することが，読みとしては重要な作業となる。

【具体と抽象を結ぶ読み①】

絵文字の三つ目の特長（意味が言葉や年齢などの違いを越えてわかること）を図柄と具体的につなげて読み取る学習では，非常出口の絵文字の意味を教師が問うと，「ここから逃げなさい」「地震や火事の時はここから逃げなさい」という意味だとする意見が出された。教師が「そんなこと，わかる？」「『逃げなさい』がわかるかなぁ」と具体化を促すと，「あの四角いところは，ドアっていう意味で，ここはドアだから，このドアのところから逃げなさいって。走って」とデザインの細部に着目した発言が続いた。さらに「2歳の子どもでも，あの絵文字があれば，言葉はわからなくてもあそこから逃げればいいとわかる」とする発言が出された。

本文にある「おさない子どもたちにもすぐわかります。」ということが，実際に絵文字のどの部分から言えるのかについて明確にさせようとした授業である。ただ，指導者側としては，こうした図柄の特長への気づきがなされた際に，本文の表現とつなげて捉えさせる働きかけが，もう少し必要であったとする反省がなされている。言語力を付けるためには，本部の表現に常に立ち戻り，語句や叙述に即した話し合いになるよう意識しておか

ねばならない。

　【具体と抽象を結ぶ読み②】

　文字と絵文字との違いを考えることで，三つ目の特長をより具体的に捉える学習も行っている。すなわち，絵文字の代わりに「にげろ！」と文字で書かれていたらどうかを問うたのである。

　子どもたちは，「読めない」「それだったら逃げられない」「絵文字ではない」「わからない」と即座に返答した。が，指導者がさらに「短いよ。あのー，ここから逃げると，3分以内に……なんて書いてないよ」と問い返すと，「だけどね，日本語がわからない外国人とかで，小さい子だったら，字がわからないんじゃないかな」「『にげろ！』だけでは，どこへ逃げていいかわからない」といった理由付けを伴う発言が出されている。

　こうして，非常口の絵文字の特長を叙述と対応させて具体化させることによって，三つ目の特長である「その意味が言葉や年令などのちがいをこえてわかる，ということです。」を納得して読むことに機能している。

　【具体と抽象を結ぶ読み③】

　二つ目の特長である「つたえる相手に親しみや楽しさを感じさせる」を読み取る学習では，「親しみを感じさせる」ということは具体的にどのようなことか，絵文字の図柄を具体的に検討させるとともに，絵文字のどの部分から「親しみ」が感じられるのか，書いて説明する活動を位置づけている。迷子の女の子が両手で目を覆い泣いていることを表している絵文字について「やさしい心づかいがつたわってくるように思われます。なぜかというと……この絵文字の……のところが……になってるからです。」という形式で説明を書く活動である。理由付けを適切に書くことで，論理的思考力に培うことをねらっている。子どもたちは次の例のように書いている。

　　○なぜかというと，この絵文字の子どもが一人で立って，さみしそうで，手で涙をふいているような感じだからです。

○なぜかというと，この絵文字の子どもが，お母さんを呼んでいるようになっているから。
○なぜかというと，この絵文字の手のところが目に押しつけて涙をふいているようだから，迷子を表しているようになっているからです。

不十分さはあるが，図柄の特定部分に着目し理由付けを図ろうとしていることがうかがえる。こうした図表や叙述の意味や理由を具体的に説明する言語活動は，論理的思考力育成の観点から意図的に取り入れていきたい。

具体と抽象を結ぶことは，事柄と事柄，言葉と言葉，部分と全体の関係性を問うことでもある。その関係性を口頭で，文章で，的確に説明できる力をつける授業づくりをめざしたい。

注

1) 言語力育成者会議 (2007)「言語力の育成方策について (報告書案)【修正案・反映版】」
2) 櫻本明美 (1995)『説明的表現の授業―考えて書く力を育てる―』明治図書, pp.22-24
3) 同上書, p.62
4) 難波博孝 (2006)『楽しく論理力が育つ国語科授業づくり』明治図書, pp.24-31
5) 澤本和子 (1991)「事例列挙型説明文の学習法研究―第三学年の場合―」『国語科教育』, 第38集, 全国大学国語教育学会, pp.75-82
6) 吉川芳則 (2003)「小学校中学年における論理の展開構造に着目した説明的文章の学習指導」『月刊国語教育研究』, No.373, 日本国語教育学会, pp.48-53
7) 吉川芳則 (2002)『小学校説明的文章の学習指導過程をつくる―楽しく，力のつく学習活動の開発―』明治図書, pp.72-90

国語科／言語文化・言語事項

9 豊かなことばを土台に 総合的な言語力を育てる

古典の重視は，言語感覚や国語への関心など，「ことばをことばとして使っていく潜在力」の育成を強調するものと受け止められる。

棚橋尚子　奈良教育大学教授

❶ 言語力育成に占める言語文化（古典）の位置

(1)　「ことばをことばとして使っていく潜在力」を育てる

　言語は，そのものが文化であり，ひとつひとつの単語や文法，言い回しなどにも，われわれの先人が長きにわたって培ってきたものごとへの認識や人間関係のありようなどが反映されている。雪の多い地方に雪のさまざまな状態を表す単語があったり，祝いの席などでは使わないようにする忌み言葉があったりするのはその端的な例である。平成20年3月に告示された学習指導要領では，これまで〔言語事項〕として扱ってきた範囲を改変し，〔伝統的な言語文化と国語の特質に関する事項〕が新たに設定された。国語の特質は，伝統的な言語文化とあいまって成立してきたものであり，従来，現象として表面的に取り上げられがちだった国語の特質を根源からとらえて学習させる可能性を秘めた枠組みである。『小学校学習指導要領解説国語編』（平成20年8月，以下『解説』）では，この言語文化につ

9　豊かなことばを土台に総合的な言語力を育てる

いて以下のように記している。

　　言語文化とは，我が国の歴史の中で創造され，継承されてきた文化的に高い価値をもつ言語そのもの，つまり文化としての言語，また，それらを実際の生活で使用することによって形成されてきた文化的な言語生活，更には，古代から現代までの各時代にわたって，表現し，受容されてきた多様な言語芸術や芸能などを幅広く指している。
（pp.23〜24）

ただ，学習指導要領（国語科）上では言語文化には「伝統的な」という修飾がなされ，古来継承されてきた古典を直接には指すことになる。

このような古典重視の流れは改正教育基本法（平成18年12月）の第1章第2条の5「伝統的な文化を尊重し，それらをはぐくんできた我が国と郷土を愛するとともに，他国を尊重し，国際社会の平和と発展に寄与する態度を養うこと。」に由来したものであり，中央教育審議会答申（平成20年1月）の内容にも反映されることとなった。その趣旨は，グローバルな国際社会に生きる日本人の育成にあり，異文化を理解するためにまず自国の伝統や文化についての理解を深めるべきであるというものである。そして，こうした考え方の源流は，文化審議会国語分科会答申「これからの時代に求められる国語力について」（平成16年2月）に存在する。この答申では，個人にとっての国語の果たす役割を「知的活動の基盤」，「感性・情緒等の基盤」，「コミュニケーション能力の基盤」の3点に集約しているが，「感性・情緒の基盤を成す」の部分では，その具体を以下のように述べている。

　　我が国の先人たちが築き上げてきた詩歌等の文学を読むことなどによって，美しい日本語の表現やリズム，人々の深い情感，自然への繊細な感受性などにふれ，美的感性や豊かな情緒を培うことができる。また，人間として持つべき，勇気，誠実，礼節，愛，倫理観，正義，信義，郷土愛，祖国愛などは，情緒が形になって現れたものであるが，これらも文学などを通して，すなわち国語を通して身に付けることが

できる。(答申p.2)

　これらの文言からは，情緒や価値観を育てるものとしての古典に焦点が当てられていることがわかる。また，この答申では国語科で育成する力の中核を「考える力」「感じる力」「想像する力」「表す力」(言語を中心とした情報を処理・操作する領域)として，それらを支える領域に「国語の知識」「教養・価値観・感性等」をおいた。さらに，学校教育においては「読む力」の目標の一つに「古典(古文，漢文)の文章に親しむことができる」を掲げ，以下の2点を具体的にあげている。

　　① 代表的な古典作品のリズムや響きなどを理解できる。
　　② 古典の音読や暗唱を重視し，日本の伝統的な文化に親しむことができる。(答申p.10)

　このような一連の記述を踏まえると，このたびの古典の重視は，国語科の目標にあげられた「表現」「理解」「思考力」「想像力」という能力を育成する前段階としての，「ことばをことばとして使っていく潜在力」の育成，もしくは学習指導要領の文言にある「言語感覚」や「国語への関心」という部分をカバーしていく位置にあるといえそうである。

　とはいえ，古典のもつリズムを体感し言葉の美しさや繊細さ，その言葉に流れる見方や感じ方にふれさせることは，「古典に親しむ」という活動を超えて，言語活動全体にとって非常に重要である。先に「ことばをことばとして使っていく潜在力の育成」と述べたが，たとえば日本語のもつ独特のリズムを体得することが，長じて「語り言葉」や「書きことば」を紡ぎ出すうえで大切な土壌となる。

　教育法などの授業で，大学生にカルタの読み札を作らせる活動をすると，5音，7音を基調としない読み上げにくい文章を考える学生が少なくない。そして彼らに長文を書かせると，どこか読みにくいおさまりのよくない文章になることが多い。このような学生は，幼いころから日本語の韻律を体得する経験が乏しかったのではないだろうか。あくまでも推測の域を出な

9 豊かなことばを土台に総合的な言語力を育てる

いことではあるが，古典にふれる活動は，成人後の言語生活に大きく反映していくと思われるのである。

また，別の面から考えると，その時代時代の習慣や風俗などの興味深さや，それらがさりげなく現代に残っていることなどへの気づきを通して，古典の世界を広げていければもっと豊かな学びができると思われる。音読，暗唱に終わらない学習指導の工夫も必要である。

(2) 学年別の指導のポイント

平成20年告示の学習指導要領では，伝統的な言語文化に関する事項として，以下の事項を示している。『解説』より関連部分を引用する。

> 低学年では，昔話や神話・伝承などの本や文章の読み聞かせを聞いたり，発表し合ったりすること，中学年では，やさしい文語調の短歌や俳句について，情景を思い浮かべたり，リズムを感じ取りながら音読や暗唱をしたりすることや，長い間使われてきたことわざや慣用句，故事成語などの意味を知り，使うこと，高学年では，親しみやすい古文や漢文，近代以降の文章について，内容の大体を知り，音読することや，古典について解説した文章を読み，昔の人のものの見方や感じ方を知ることを示している。(p.24)

これまでの学習指導要領でも，文語調の文章に関する記述は，児童がそれに「親しむ」ことを旨としており，その基本線については変わるものではない。低学年では，入門として日本の古典につながる物語に興味や関心を持つ，中学年では，実際に詩歌を中心とした古典にふれ，現代語とは趣の異なることばの響きやリズムを楽しむ，高学年では古典の概要をとらえたり，音読したりするといった，発達段階に応じた学習をさせていくこととなる。

しかしながら，高学年では，従来中学校で扱われていた「古人の考え方」にふれていくことにもなった。そこには，単に知識としてそれを受け

国語科／言語文化・言語事項

入れるのではない読み手としての自己の確立が求められる。一方，読み聞かせを聞くばかりでなく，発表すること（低学年）やことわざや慣用句を実際に使うこと（中学年）など，従来，「読むこと」の領域でとらえられてきた古典学習が，話す・聞くや，書くなどを伴う総合的な言語活動として，言語力を育成するポジションにシフトしてきたことにも思いを致すべきである。ことわざや慣用句など，知ることと使うこととの間には，成人でもかなりの隔たりがあることを考えると，中学年にはかなり難しいことを要求されているわけである。しかしながら，それらの語句を身につけさせることは，語彙の増加，ものごとの認識の深まりに資することであり，とりもなおさず言語運用能力を育てていくこととなる。したがって，児童の興味や関心を重視しながら学習を組織していくことを考えるべきである。

以上の点から，言語力の育成という観点で一歩踏み込んで考えると，古典を通して，調べたことを発表したり，話し合ったり，文章を書いたりすることが学習としても求められており，授業の構成次第では，古典を素材に思考力や表現力を育成することも十分可能であるといえる。

❷ 言語文化（古典）の授業実践

(1) 学年ごとの年間活動計画例

① 低学年の事例（第1学年）

第1学年では，耳で聞くことや絵を見ることを通して，現代のお話とは違う遠い時代の物語に多くふれていくことが大切である。教科書にも昔話や神話・伝承などが掲載され，国語科の授業内で読み聞かせや発表を行っていく手だてがとられるであろうが，それとは別に，朝の時間帯の活用や国語の授業の最初の何分間かをあてて，多くの読み聞かせをしていくことを考えたい。

多くの読み聞かせをするためには，教師自らが多くの昔話や伝説にふれ，

その楽しさを実感し，児童と共有できることが大切である。司書教諭や同学年担当の教師との書物に関する意見交換なども積極的に心がけたい。

以下の活動計画では，春季に昔話の読み聞かせ，秋季にブックトーク，冬季にかるた遊びをおいた。前2者では，発表の活動を，後者では暗唱も視野に入れている。

帯単元としての読み聞かせ			
国語科	①春季（3）	②秋季（3）	③冬季（4）
	昔話は楽しいな	鬼がいっぱい	かるたで遊ぶ
	・読み聞かせを聞く。 ・2年生による昔話の劇を見る。 ・楽しかったことを発表し合う。	・ブックトークを聞く。 ・鬼の出てくる日本の昔話を読む。 ・グループでおもしろかったところを話し合う。	・江戸がるた，京がるた，百人一首（一部）などで遊ぶ。 ・百人一首の好きな絵札を選び，歌を暗唱する。

② 中学年の事例（第4学年）

第4学年の活動として，日本語の中に5，7のリズムが息づいていることを文語の詩や文部省唱歌に基づいて実感させる活動をまず設定した。学習指導要領においては，中学年（第3学年で学習したもの）の唱歌として，「茶つみ」，「春の小川」，「ふじ山」があがっている。また，第2学年の「春が来た」「虫のこえ」なども範囲に入れてそのリズムに気づかせたい。秋季単元の「生活に生きる故事成語」では，中学年の児童でも耳にしたり，使ったりしている「矛盾」「完璧」などのことばが故事に基づくものであることの学習をきっかけに，ほかの故事成語，ことわざ，慣用句などの学習を行う。また，冬季教材として，現行教科書の多くが第6学年に提示する「短歌と俳句」を設定した。

国語科／言語文化・言語事項

①春季（3）	②秋季（4）	③冬季（3）
五音，七音の調べ	生活に生きる故事成語	短歌と俳句
・文語詩を読み暗唱する。 ・中学年の文部省唱歌を歌い，詩を考える。	・「矛盾」「完璧」「推敲」について，現代文を読み，故事からの言葉だと知る。 ・ほかの故事成語やことわざ，慣用句を学習し，文章を作る。	・万葉集，古今集，新古今集の短歌を読み，暗唱する。 ・芭蕉，蕪村らの俳句を読み暗唱する。 ・好きな短歌や俳句についてイラストを描く。

③ 高学年の事例（第5学年）

　第5学年では，狂言「附子」と，「春はあけぼの（枕草子）」を教材に古典学習を行う。「附子」は従来第6学年教材として複数の教科書で取り上げられているが，第1学年から古典系列の学習を積み上げているという前提に立つと，第5学年でも十分学習の素材となり得ると考えた。この指導事例については，次項に詳述する。さらに，「春はあけぼの（枕草子）」では，音読，暗唱を中心とした活動に加えて，児童が自ら「春は……，夏は……」と考え文章化することを通して，清少納言の感じ方に迫っていくことをねらいとしている。むろん，現代語訳は積極的に提示していくものとする。

①春季（5）	③冬季（4）
狂言を楽しもう	清少納言とともに
・「附子」を役割音読する。 ・太郎冠者，次郎冠者，主人についてその人となりを話し合う。	・「春はあけぼの」を読み，暗唱する。 ・自分の「春は―」を作り，清少納言と比較する。

9　豊かなことばを土台に総合的な言語力を育てる

(2)　人物について考えることを通し，狂言の現代に通じるおもしろさを知る

　本実践は，以前に私が東京都の小学校において飛び込みで行った授業に基づくものである[1]。

　狂言は室町時代に能とともに猿楽から発達した，能と能との間に演じられる滑稽な演劇である。弱い立場のものが強い立場のものをやりこめる内容のものが多く，脇狂言，大名物，小名物，鬼山伏物などに分類できる。現代の狂言は江戸期に完成したものであるが，室町当時の口語で語られており，文字を中心に残ってきた古典と比べて児童にも内容がわかりやすい。

　本実践では，「附子」の音読を通し，狂言の持つリズムを楽しむとともに，抜け目のない大胆な太郎冠者，まじめで気の優しい次郎冠者，欲深で狡猾だがなぜか憎めない主人の人物像に迫らせていくことをねらいとする。

①　目標
・「附子」の音読を通し，古典語の調子に親しむ。
・内容のおもしろさを理解し，伝え合うことを通し表現力を高める。

②　学習指導計画（全5時間）

時間	学　習　内　容
1	教師の範読を聞き，登場人物を整理する。
2	教師の範読とともに音読し，狂言の表現に慣れる。 難解な語句を整理する。 登場人物の中で誰が気になるか印象を話し合う。
3	3人ずつのグループに分かれ，好きな場面の役割音読を行う。
4	音読の発表会をする。
5	自分の気になる登場人物に手紙を書き，読み合う。 （ビデオを見て狂言に対し感想をもつ。）

③　実践の特徴

　言葉のリズムを感じられる古典の音読は，児童にとっては楽しいもので

ある。そして，従来の実践でも多くなされてきたことであるが，狂言で役割を決めて音読することは，これもまた楽しいことである。

　近年，現代語で書かれた古典の書籍をよく見かけるが，古典の内容に親しむためには，現代語を介した手段は合理的であると考える。しかし，本章の前半部でも同種のことを述べたように日本語に内在するリズムは原文にあるため，原文の音読は，内容理解とは別の次元で進めていくべきである。つまり，音読，暗唱はそれ自体が学習の目的なのである。狂言などとは異なる「書きことばとしての古典」にふれさせる場合は，別に文章の大意を示し，内容の検討は大意に基づき考えさせるという方法で小学校段階は十分であろう。そういう意味から狂言は，ある程度意味が理解できる書きぶりとなっているため，音読，暗唱の活動のみにとどまらず，音読をさせていく中で，内容を考えさせていくことが可能である。

　本単元では，登場人物3人のうち，誰が気になるかを考えさせることを通し，内容のおもしろさにも迫らせていくことを考えた。

　児童の多くは，主人公でもある太郎冠者を好む。実際の実践においてもそのことは顕著であった。以下に実践の際の授業記録の一部をまとめるかたちで引用する。

　T　太郎が圧倒的人気でした。では，理由を発表してもらいましょう。
　C　太郎はとてもとんちがきいていると思います。主人が帰ってきても
　　上手に言い訳をしているし，附子が砂糖ってわかっていても歌を歌っ
　　てごまかしているところがすごいと思いました。
　C　最後に台天目とおかけ物をこわして，次郎に責任を押しつけるので
　　はなく，言い訳を考えるのがすごいと思いました。
　C　附子を食べたとき，自分が食べたいと思ったらそのことをやり通す
　　ところがいいなあと思いました。

　　　　　　　　　　　（中略）

　T　では，次は次郎ですね。次郎が気になる理由を発表してください。

C 次郎は太郎のことをかばっていて，いい人だと思いました。
C 太郎より次郎の方がもっと頭がいいと思いました。危ないことは自分でしないで，全部太郎に先にさせて，でも砂糖はちゃんと半分食べているからです。
C 太郎と一緒に嘘をついているのでいいと思います。友達思いだから。
T 少数派ですが，主人はどうでしょう。
C 最後にとても怒っているところが僕にはおもしろく思えました。
   （pp.47〜48）

音読を重ねる中で，時間ごとに気になる人物について意見が変わっていないかを確認し，最後の時間には，登場人物になって，別の登場人物に手紙を書く活動を行わせたい。太郎になって主人に文句を言ったり謝ったりする児童，次郎になって太郎に「もうやりたくない」という児童，主人になって太郎に立腹する児童—さまざまな手紙文となるであろう。そこに，一人の読み手としての表現力が育っていくのである。時間があれば，児童同士手紙を交換し，手紙の受け手の人物となって返事を書いたりする活動も行わせたい。

また，こういった活動は，前述したように本文の大意を与えることで，他の古典でも十分行っていくことができる。

音読，暗唱の活動を通し豊かなことばの「素地」を養いながら，一方では現状として必要な言語力を確実に育成できるさまざまな実践の工夫が求められている。

注

1）棚橋尚子「音読を中心とした楽しい古典学習」『実践国語研究』No.178（明治図書）1997年11月，授業対象は当時の第6学年。

国語科／言語文化・言語事項

言語事項の指導を通して育てる言語力

言語事項は，すべての言語活動の基盤となる言語技能である。継続的に繰り返し指導し，確実な習得をはかりたい。

輿水かおり　港区立青南小学校校長

❶　言語力の育成と言語事項「国語の特質に関する事項」

　平成20年1月，中央教育審議会は平成17年4月以来2年10ヶ月に渡る審議の結果を文部科学大臣に答申し，新しい学習指導要領の改訂の方向性を示した。その基本的な考え方の中で，特に小学校教育に求められたのは，「基礎的・基本的な知識・技能の確実な習得」であり，中でも，すべての「学習活動の基盤となる言語に関する能力の定着」は，急務とされた。
　言語に関する能力とは何かと考えたとき，いわゆる国語科の3領域「話すこと・聞くこと」「書くこと」「読むこと」が担う指導事項があげられよう。さらに，それらの指導事項を支えるもっとも基盤となる言語技能としての言語事項，今回の改訂では「国語の特質に関する事項」の確実な習得が，言語力育成の鍵となると考える。
　また，第5学年からの外国語（英語）学習の導入など国際人育成に向けての大きな改革とあいまって，国語科が言語の教育の立場を一層重視し，

国語に関する関心を高め,国語を尊重する態度を育てることが求められている。言語事項をいかに意識して日々の国語科の学習を展開するかが,今改訂の趣旨に大きくかかわっていることを認識していきたい。

❷ 今回の改訂による言語事項の扱いとその背景

今回の改訂で「言語事項」は,「言語文化と国語の特質に関する事項」というくくりに改められた。これも,先に述べた中央教育審議会答申における国語科の改善の基本方針「……現行の〔言語事項〕の内容のうち,各領域の内容に関連の深いものについては,<u>実際の言語活動において一層有機的にはたらくよう,それぞれの領域の内容に位置付ける</u>とともに,必要に応じてまとめて取り上げるようにする。また,〔言語文化と国語の特質に関する事項〕を設け,わが国の言語文化に親しむ態度を育てたり,国語の役割や特質についての理解を深めたり,豊かな言語感覚を養ったりするための内容を示す。……」を受けたものである。

ちなみに,現行の小学校学習指導要領では,〔言語事項〕の取り扱いとして「音声,文字,文法的事項などのうち繰り返して学習させることが必要なものについては,特にそれだけを取り上げて学習させるよう工夫すること。」とあり,その解説に「言語事項の内容は,各領域の内容の指導に必要とされる基礎的な言語に関する指導を取り上げて構成されている。したがって,<u>この領域の指導を通して言語事項について指導することが大切</u>である。」と述べられている。

下線部を比較してみると,その扱いの違いが明確になる。つまり,現行学習指導要領の言語事項に示されていた内容のうち,各領域との関連が深いものはその領域の指導事項に移されたということである。

たとえば,第1学年及び第2学年の「A話すこと・聞くこと」の(2)内容①指導事項(①)のイ「相手に応じて,話す事柄を順序立て,<u>ていねいな言</u>

葉と普通の言葉との違いに気をつけて話すこと」ウ「姿勢や口形，声の大きさや速さなどに注意して，はっきりした発音で話すこと。」の下線部は，現行では（言語事項）(1)に明示されていたものである。

　また，内容構成も大きく改定された。現行の（言語事項）が(1)言語に関する指導事項と(2)書写に関する指導事項で成っているのに対して，今回の「言語文化と国語の特質に関する事項」は，(1)ア「伝統的な言語文化に関する事項」イ「言葉の特徴やきまりに関する事項」ウ「文字に関する事項」(2)書写に関する事項で構成されている。

　現行の(1)言語に関する指導事項は
〈発音・発声に関する事項〉
〈文字に関する事項〉
〈表記に関する事項〉
〈語句に関する事項〉
〈文語調の文章に関する事項〉
〈文及び文章の構成に関する事項〉
〈言葉遣いに関する事項〉
の６事項から成っていたが，今改訂(1)イ「言葉の特徴やきまりに関する事項」では，
○言葉の働きや特徴に関する事項
○表記に関する事項
○語句に関する事項
○文及び文章の構成に関する事項
○言葉遣いに関する事項
○表現の工夫に関する事項
の６事項で構成されている。（下線の事項が共通）

　今改定で，現行の〈発音・発声に関する事項〉は，「話すこと・聞くこと」の領域に，〈文字に関する事項〉は，(1)ウ「文字に関する事項」に，

〈文語調の文章に関する事項〉は，(1)ア「伝統的な言語文化に関する事項」に，より発展活用させた形で位置づけられた。

　こうした改定の背景には，国語科が言語の教育といわれながら，実際の授業がその機能を果たしきれていないことへのジレンマが感じられる。言語に関する基礎的・基本的な知識や技能の確実な習得を意識した授業になりえず，単に教科書に載っている教材を読みこなすことや，手引きに示された活動を消化することに汲々としている国語教室の実態が見え隠れする。またそのいっぽうで，国際的な学力調査では，わが国の子どもたちの非連続テキストも含めた情報の収集力・読解力，自分の考えを説明する表現力の弱さが露呈した。自分の考えと比較して批評的に論じる力や，与えられた条件を総合的に検討し根拠を明らかにして推論する力など，言語を正しく理解し活用して，思考を深めたりまとめたりしながら解決していく能力の育成が重視されるゆえんである。

　21世紀は知識基盤社会といわれ，すでに現在も熾烈な国際間の知的競争が展開されている。既存の知識を記憶するだけでは通用しない厳しい社会が子どもたちを待っている。広く世界を舞台に活躍する人材を育成するには，「我が国の歴史の中で創造され，継承されてきた伝統的な言語文化に親しみ，継承・発展させる態度を育てることや，国語の果たす役割や特質についてまとまった知識を身に付け，言語感覚を養い，実際の言語活動において有機的に働くような能力を育てること」（小学校学習指導要領解説　国語編 p.23）が求められている。また，そのいっぽうで，地球市民として相手を理解し，思いやる心情，温かい人間関係を構築できるコミュニケーション能力の育成が不可欠である。そのためにも，言語事項，すべての活動の基盤となる言語技能の確実な習得は，喫緊の課題であると考える。

国語科／言語文化・言語事項

❸ 言語事項の確実な習得を目指す授業作り

　本節では，特に⑷「言語文化と国語の特質に関する事項」イ言葉の特徴やきまりに関する事項に絞って，その育成について述べていきたい。

　次頁の表「各学年における言葉の特徴やきまりに関する事項」の中で全学年に位置づけられた「言葉の働きや特徴に関する事項」は，言葉が果たす多様な役割や特徴を理解させるために，また「表現の工夫に関する事項」は，高学年で修辞法に関する表現の工夫をまとめて考えられるように今回の改訂で新設されたものである。改訂の意図を十分理解し，各領域の指導にかかわらせて指導したり，必要に応じて取り上げて指導したりすることが大切である。

⑴　**「言葉の働きや特徴に関する事項」**
　【第1学年及び第2学年】
　㈇　言葉には，事物の内容を表す働きや，経験したことを伝える働きがあることに気づくこと。
　㈈　音節と文字との関係や，アクセントによる語の意味の違いなどに気づくこと。
　㈉　言葉には，意味による語句のまとまりがあることに気づくこと。

　㈇は，言葉の表現伝達機能について気づかせることをねらったものである。子どもたちは，就学前の生活で経験的に，自分の気持ちを言葉で表現する楽しさや，人の話や言葉をよく聞き，伝え合う喜びを味わったりしている。幼稚園教育要領（言葉）にもそのことが明記されている。

　小学校では低学年の時期に，言葉を使うことによってお互いの認識や経験を共有化できることに気づかせる意図的な指導が必要である。どのように表現すれば伝わるのか，どのような言葉を使えばわかりやすいのか，具体的な指導と評価が求められる。

10 言語事項の指導を通して育てる言語力

各学年における言葉の特徴やきまりに関する事項

	第1学年及び第2学年	第3学年及び第4学年	第5学年及び第6学年
言葉の働きや特徴に関する事項	(ｱ) 言葉には，事物の内容を表す働きや，経験したことを伝える働きがあることに気づくこと。 (ｲ) 音節と文字との関係や，アクセントによる語の意味の違いなどに気づくこと。 (ｳ) 言葉には，意味による語句のまとまりがあることに気づくこと。	(ｱ) 言葉には，考えたことや思ったことを表す働きがあることに気づくこと。 (ｲ) 漢字と仮名を用いた表記などに関心をもつこと。	(ｱ) 話し言葉と書き言葉との違いに気づくこと。 (ｲ) 時間の経過による言葉の変化や世代による言葉の違いに気づくこと。
表記に関する事項	(ｴ) 長音，拗音，促音，撥音などの表記ができ，助詞の「は」，「へ」及び「を」を文の中で正しく使うこと。 (ｵ) 句読点の打ち方や，かぎ（「　」）の使い方を理解して文章の中で使うこと。	(ｳ) 送り仮名に注意して書き，また，活用についての意識をもつこと。 (ｴ) 句読点を適切に打ち，また，段落の始め，会話の部分などの必要な箇所は行を改めて書くこと。	(ｳ) 送り仮名や仮名遣いに注意して正しく書くこと。
語句に関する事項		(ｵ) 表現したり理解したりするために必要な語句を増し，また，語句には性質や役割の上で類別があることを理解すること。 (ｶ) 表現したり理解したりするために必要な文字や語句について，辞書を利用して調べる方法を理解し，調べる習慣をつけること。	(ｴ) 語句の構成，変化などについての理解を深め，また，語句の由来などに関心をもつこと。 (ｵ) 文章の中での語句と語句との関係を理解すること。 (ｶ) 語感，言葉の使い方に対する感覚などについて関心をもつこと。
文及び文章の構成に関する事項	(ｶ) 文の中における主語と述語との関係に注意すること。	(ｷ) 修飾と被修飾との関係など，文の構成について初歩的な理解をもつこと。 (ｸ) 指示語や接続語が文と文との意味のつながりに果たす役割を理解し，使うこと。	(ｷ) 文や文章にはいろいろな構成があることについて理解すること。
言葉遣いに関する事項	(ｷ) 敬体で書かれた文章に慣れること。		(ｸ) 日常よく使われる敬語の使い方に慣れること。
表現の工夫に関する事項			(ｹ) 比喩や反復などの表現の工夫に気づくこと。

国語科／言語文化・言語事項

　国語科の中での重点的な指導と，毎朝の1分間スピーチ「きのうのこと」，帰りの会を使った「日直からの一言」や「今日うれしかったこと」など，日常の生活場面を活用しての指導を絡ませることが効果的である。

　(イ)は，拗音表記以外の国語（日本語）の大きな特徴である一文字一音節対応に気づかせることをねらったものである。授業の中で拍打ち指導を意図的に行ったり，リズミカルな文や詩を音読させたりするなど体全体を使って体感させるような指導が効果的である。また，アクセントについては，同音異義語「端」「橋」「箸」，「雲」「蜘蛛」，「鼻」「花」，「雨」「飴」などをカードにしたカルタゲームや，日常生活語（方言）と標準語との違いを視聴覚教材などで気づかせるような指導も面白い。

　(ウ)の意味による語句のまとまりとは，「ある語句を中心として，同義語や類義語，対義語など，その語句とさまざまな意味関係にある語句が集まって構成している集合」（解説）のことである。低学年では，「仲間の言葉」とか「仲良しの言葉」，「反対の言葉」とか「似た言葉」などの言い方で言葉の意味に気づかせ，言葉への興味を喚起させたいものである。さらに，上位・下位の言葉や多義語，同義語などに発展的に広げていくことも子どもの実態によっては可能である。授業の中で，子どもから出てきた言葉についてはどれも大事に取り扱い，特に気づかせたい言葉については，掲示したりプリントしたりして蓄積しておくことが有効である。中学年以降の「語句に関する事項」(オ)「表現したり理解したりするために必要な語句をまし，また，語句には性質や役割の上で類別があることを理解すること。」への大切な足がかりとなる項目である。

【第3学年及び第4学年】
　(ア)　言葉には，考えたことや思ったことを表す働きがあることに気づくこと。
　(イ)　漢字と仮名を用いた表記などに関心をもつこと。

(ア)は，低学年からの発展として，言葉の表現機能の多様性や可能性の高さを示している。思考の経過や結果などの論理的な表現，感動や感想などの心情表現，相手への要求や質問などの対人表現，どの表現にも言葉の力が大きく影響することにぜひ気づかせ，言葉を学び獲得することへの意欲につなげたい。

中学年は，子どもたちが精神的に大きく成長する時期に当たる。保護者からの精神的な自立が始まり，仲間同士が影響しあうギャングエイジと呼ばれる発達段階に入っていく時期である。相手を罵倒したり，攻撃したりすることで優位を保とうとする場面が多く見られるようになるのもこの時期の特徴である。だからこそ，言葉の機能に気づかせ，相手の立場を思いやりながらも，なおかつ自分の主張を説明し説得する言葉の力を身に付けさせたいと考える。「話すこと・聞くこと」領域での話し合いの指導に位置づけた言語活動を展開する中で，また，必要に応じて「温かい言葉と冷たい言葉」「わかりやすく説明するためのメモの作り方」などの特設単元を組んで指導する中で気づかせていきたい。

(イ)は，国語の表記の特徴に関する事項である。「漢字仮名交じり文」の機能性に気づかせたい。また，「表記に関する事項」との関連も意識しながら指導し，言語感覚の基礎を養う観点をもつことも大切である。

【第5学年及び第6学年】

(ア) 話し言葉と書き言葉の違いに気づくこと。

(イ) 時間の経過による言葉の変化や世代による言葉の違いに気づくこと。

(ア)は，単なる話し言葉と書き言葉のちがいだけでなく，音声言語と文字言語の特質について気づかせたい。そして，目的や相手，場面に応じてどのような言葉を使えばよいのか取捨選択できる力にまで高めていきたいものである。

多くの学校では，コミュニケーション能力の育成を目指し公の場で意見

国語科／言語文化・言語事項

表明や討論のできる力を身につけるべき指導が積まれている。しかし，子どもたちのスピーチは，原稿の丸読みであったり，学芸会よろしく丸暗記であったりする場合が散見される。聞き手の反応を楽しみながら臨機応変に対応する自在なスピーチにはなかなか高まらないのが実情である。「書くこと」と「話すこと」の各領域でスピーチメモや発表メモの作り方や表現技能について具体的な言語活動の場を設定して確実に育てていきたいものである。

　(イ)は，伝統的な言語文化との出会いから位置づけられた項目である言語文化としての古典に親しみ，日本語の変化を体感しながら日本文化の継承者としての態度を養ったりすることをねらったものといえよう。この事項については，言語文化の稿に詳しいので，そちらに譲る。

　今，意思伝達手段として携帯メールの普及はめざましいものがある。携帯メールの表記の特徴は，まさに話し言葉での表現と絵文字の多用である。この流れは明治期の言文一致運動の比ではなく老若男女を問わず急速に浸透しつつあり，国民的な伝達革命ともいえるものである。今回の改訂では，解説も含めて特にこの件には言及されていないが，グローバルな視点に立った情報伝達手段としての文字言語，同質集団間の意思疎通手段としての文字言語のすみわけについても考えていかなければならない時代にあることを認識しなければならない。

(2) 「表現の工夫に関する事項」
　【第5学年及び第6学年】
　(ケ)　比喩や反復などの表現の工夫に気づくこと。
　高学年にだけ新設された事項であるが，解説によると「高学年において示しているが，各学年において，説明的な文章，文学的な文章のいずれにおいても表現の工夫についての指導が積み重ねられており，ここでまとめて整理する」ものと示されている。

表現の工夫に気づかせる指導は、低学年から意識的に積み重ねることが必要である。2年生の文学教材「スイミー」（光村図書）などは、表現の工夫を指導するに格好の教材である。「ミサイルみたいにつっこんできた。」「虹色のゼリーのようなくらげ」「水中ブルドーザーみたいないせえび」「ドロップみたいな岩から生えているこんぶやわかめの林」などの直喩・隠喩はもちろん、省略や倒置法、体言止め、脚韻など、表現の工夫の宝庫である。文学的な作品だけでなく、説明的な文章からも表現上の工夫に気づかせることができる。たとえば、1年生2学期の教材「じどうしゃくらべ」（光村図書）では、いろいろな自動車の役割とその役割を果たすための構造上の特色を「そのために」という語句を繰り返し使って説明するなど、表現上の工夫が顕著な作品である。

　子どもたちは、国語の授業で気づいた表現、気に入った表現をさまざまに自分の作品の中で使おうとする。生活科で飼育しているザリガニの観察日記や、体育の水遊びの約束づくり（何のための約束事なのか）、音楽の鑑賞表現など、国語科以外の教科の言語活動に、気づいた言語事項や身につけた言語技能が生きて働いているのである。

　教師が意識的に国語科を言語の教科として位置づけ、その指導をさまざまな言語活動に関連させて実践するとき、子どもたちの言葉の力は確実に育成されると考える。言語事項は、すべての言語活動の基盤となる言語技能である。今回の改訂の趣旨を明確に把握した見通しを持った指導が望まれる。

　言語事項の指導は、継続的に繰り返し行うことが必要である。子どもたちが日常生活する教室の言語環境が大きく影響することを忘れてはいけない。もちろん、もっとも大きな言語環境は教師の言動である。自分の言葉の力に常に磨きをかける姿を子どもに見せられる教師になりたいものである。辞書を手元に置き、話題の本には目を通し、新聞などの報道から新鮮な話題を提供する努力を忘らない魅力的な教師を目指したいものである。

11 社会科で育てる言語力

社会科と言語力とのかかわりを現すキーワードが「説明」「解釈・論述」「判断」である。それぞれの内実と授業の具体を示す。

岩田一彦　兵庫教育大学大学院特任教授

❶　社会科における言語力育成の考え方

　社会科授業が，言語力の育成を中核において行われる訳ではない。言語力の育成の視点を導入すると，社会科授業がより良いものになるならば，積極的に取り組んでいくべきものである。この立場から，社会科における言語力育成の考え方を，学習指導要領に登場した用語，社会科で育てる言語関連能力の2点から述べていこう。

(1)　学習指導要領に登場した用語

　新学習指導要領の中で，「言語力の育成」，「言語活動の充実」は各教科を横断する大きなキーワードとしてあげられている。言語力の育成は，方法論だけで育てることはできない。教養知，暗黙知，科学知の知識の蓄積があって，初めて，豊かな言語力が発揮できる。内容教科としての社会科は，こういった知識を育てていく中核的教科である。また，社会科で育て

ている資料活用能力等の諸能力も言語力に直接的に結びついている。

　言語力の育成に着目することによって，社会科のあるべき方向性として求め続けているものが，クローズアップできる。それは，説明，解釈，論証，資料批判といった，社会科の科学性を高める方向性である。「授業化にあたっての課題」は，これらの用語を意識しながら，社会科の科学性を高めるための教材研究を深めていくことである。

　社会科において，「言語力」の育成に有効に働くのは，「『なぜ疑問』を追究し法則性を発見・検証する授業」である。事象間の関係を追いかけていく学習は，「言語力」を育てていく中核的活動になる。単独で存在する知識は忘れやすい。それに対して，知識同士の結びつきが強い知識は，身についた知識となっている。社会科では，知識のネットワークを構築していく学習活動を多彩に展開しているので，「言語力」の形成に有効性が強いものになる。人間は日々様々な意志決定を行っている。社会科では「合理的意志決定能力」の育成を大事にしている。価値判断の場に立たされ，意志決定を行っていく授業は，「言語力」育成の重要な場を提供している。

　社会科教育実践は，内容および学習方法の科学化を進めてきた。この実情を学習指導要領が，言語で明示的に表現したのが，今回の改訂である。その具体的現れが，「説明，解釈・論述，考えたこと」である。この用語は社会科の内容および学習方法を革新するものである。この内容の革新が，「言葉の力」を育てることにもつながってくる。

　それぞれの用語が，社会科をどのように変えるのか，また言語力をどのように育成することになるのかについて述べる。

① 説明

　理解の場合には，学習者各自の理解が可能である。それに対して，説明という用語は客観性を求める。科学の研究成果に基づいて，人々を納得させることが求められるのが説明である。資料の豊かさ，資料の正確性，人

を納得させる論理展開が必要なのである。新学習指導要領では，この説明という用語が小中社会科に積極的に取り入れられた。解説書に書き込まれた説明は何を要求してるのだろうか。主要な事例を抽出してみよう。
- 事象の特色や事象間の関連を説明すること（『小学校学習指導要領解説社会編』，文部科学省，平成20年7月，p.3，p.6，以後『小社解説書』と記す。）
- 図や文章などで表現し説明すること（『小社解説書』，p.88）
- 地図を有効に活用して事象を説明（『中学校学習指導要領解説社会編』，文部科学省，平成20年7月，p.8，以後『中社解説書』と記す。）
- 社会的事象について考えたことを説明（『中社解説書』，p.9）

　ここでは，「特色，事象間の関連，考えたこと」の説明を求めている。そして，説明にいたる方法として，「図や文章，地図」の活用が書かれている。説明の中核は，事象間の因果関係の表現である。社会科教育界では，授業づくりに際して，説明的知識，概念的知識という用語が定着しつつある。これらは「説明」と結びついている知識であることを再確認したい。

② 解釈・論述

　新学習指導要領では，解釈，論述という用語が，意図的に組み込まれた。社会事象は無機的に存在しているわけではない。解釈されて初めて意味を持ってくる。そして，それは文章にして論述されて，他の人に伝えることが求められる。この意味から，社会科授業において解釈・論述の指導は，まさに「言葉の力」の指導になる。

　それでは，この用語に関してどのように表現しているのだろうか。
- 社会的事象の意味，意義を解釈（中央教育審議会答申）
- 広い視野から考えたことを，根拠や解釈を示しながら（『小社解説書』，p.88）
- 自分の解釈を加えて論述（『中社解説書』，p.8）

・自分の考えをまとめて論述（『中社解説書』，p.9）

　解釈という用語には，思ったことを述べるという以上の意味が含まれている。例えば，石油高騰の社会的意味は，学習者が自分で思ったことを述べたのでは，解釈したことにはならない。石油高騰がもたらす諸事象を，過去の事例から明らかにする。そして，それを根拠にして，分析し自己の理解を基盤において判断をしていくことが要求される。

　論述という用語も，単に述べる以上の意味を含み込んでいる。解説書にも「解釈を加えて」，「まとめて」と表現されているように，学習成果を生かしての記述が求められている。まだ，新しく導入された用語であるので，どのように授業内容を変えていくのかは今後の課題である。

③　考えたこと

　これまでの社会科も「考えたこと」は大切にしてきた。今回の学習指導要領は，この大切さを「考えたこと」と明示的に表現し，その定着を図っているところに特徴がある。強調されている部分を抽出してみよう。

・考えたことを自分の言葉でまとめ伝え合うことによりお互いの考えを深めていく学習など言語活動の充実（『小社解説書』，p.5）

　この活動の具体的内容については，「調べたことや考えたことを表現する力」と書かれて，考えたことと表現力が結びつけられて，度々，解説書の中に登場している。この点について，解説書は，3・4年について次のように具体的に述べている。

・「調べたことや考えたことを表現する力」を育てるとは，地域における社会事象を観察，調査したり，地図や各種の具体的資料を効果的に活用したりして調べたことや，地域社会の社会的事象の特色や相互の関連などについて考えたことを表現する力を育てるようにすることである。（『小社解説書』，p.21）

　そして，各学年の目標の中に「考えたこと」を入れたことについて，解

説書は，次のように強調している。
・言語活動の充実を図る観点から，各学年の目標(3)において，これまでの「調べたこと」に「考えたこと」を加え，「考えたことを表現する力」を育てることを一層重視していることに留意する必要がある。

この「考えたこと」の強調は，考えたことは表現されて初めて意味を持ってくることを，明示したものである。

以上の用語の働きを社会科授業で具体的に組み込んでいくことができたならば，社会科授業の革新につながってくる。

(2) 社会科で育てる言語関連能力

平成18年2月13日に，「中央教育審議会初等中等教育分科会教育課程部会審議経過報告」が公表された。

この中の「国語力の育成（思考力・表現力等の育成）」で，PISA型読解力について，次のように述べている。

○ 学力に関する調査結果を受けて，平成17年12月には，文部科学省において，「読解力向上プログラム」がとりまとめられた。このプログラムでは，PISA型「読解力」を向上させるために，①テキストを理解・評価しながら「読む力」を高める取組の充実，②テキストに基づいて自分の考えを「書く力」を高める取組の充実，③様々な文章や資料を読む機会や，自分の意見を述べたり書いたりする機会の充実が求められている。

これらの能力は国語に止まらないで他教科を横断して育成すべき能力である。この点に関して，「確かな学力の育成（知識・技能を活用し，考え行動する力の重視）」の項目で次のように報告している。

○ こうした方向性は国際的にも模索されており，例えば，PISA調査は，知識・技能を実生活において活用する力を測定することを目指している。

この各教科横断の中で育む能力の具体例が示されている。社会科に関連する内容を抽出すると次の通りである。

○各教科を横断して育むべき能力（社会科に関連する能力）
①体験から感じ取ったことを表現する力（感性や想像力を生かす）
・自国や他国の歴史・文化・社会などから自分たちとは違う世界を想像し，共感したり分析したりしたことを表現する。
②情報を獲得し，思考し，表現する力（言語や情報を活用する）
・自然事象や社会事象に関する様々な情報や意見をグラフや図表などから読み取ったり，これらを用いて分かりやすく表現したりする。
③知識・技能を実生活で活用する力（知識や技能を活用する）
・需要・供給などの概念で価格の変動をとらえて生産活動や消費生活に生かす。
・衣食住や健康・安全に関する知識を生かして自分の生活を管理する。
④構想を立て，実践し，評価・改善する力（課題探究の技法を活用する）
・学習や生活上の課題について，事柄を比較する，分類する，関連付けるなど考えるための技法を活用し，課題を整理する。

この例示に見られるように，社会科は読解力の育成に関して，学習内容，能力・技能において，中核的役割を果たす教科と認識されている。

❷ 社会科における言語力育成の実践

この節では，言語力育成にかかわる指導について，具体例をあげながら述べていく。言語力育成に関わる学習段階，年間指導計画例，特徴的な指導事例の3点から述べる。

(1) **言語力育成にかかわる学習段階**

　言語力を社会科で育成するためには，どのような指導をしていけばよいのだろうか。言語力育成の第一にあげるべきことは，体験と結びつけて情報を獲得させ，暗黙知，教養知を形成することである。この実現のためには，体験の言語化をどの段階でも行うことが重要である。

　「審議経過報告」において，「実感を伴った理解（算数・数学）」，「実生活と関連付けたり，体験したりして（理科）」の重要性が指摘されている。この種の理解や体験は，言語化して経験にしておくことが必要である。経験化されて初めて，身についたものとなり，言語力の源泉になりうる。

　体験の言語化指導においては，子どもの発達段階を考慮し，次のような指導が必要である。

　【具体物を表現する段階】
　観察・見学した事象をミクロに捉え表現する指導をする。
　【具体物から抽象世界へ移行する段階】
　例えば，工場見学をした際に，経営，資本，社会環境（地域と工場の関係）等の抽象度の高い事象にも関心が向くように指導する。
　【抽象世界を表現する段階】
　例えば，農場を見学して，その農場の未来設計をする，投下資本と利潤との関係を推理する，農場主の人生観や世界観を考える等の抽象度の高い思考・表現ができるように指導する。

　言語力育成の第二にあげるべきことは，好奇心を持って「なぜ」と問い続け，探究活動を展開することである。各学校段階で，次の学習を続けることが求められる。

　【小学校段階：観察・見学事象の表現，「なぜ」と問いながらの活動】
　小学校段階では，観察・見学事象を記録する活動をよく行っている。この記録では，観察・見学事象の概略的報告がなされることが多い。この際に，ミクロな視点での観察・見学の記録を求めると言語力を高めると同

時に，社会科学習としても充実してくる。さらに，「なぜ」と問いながら，この活動を行っていく指導をすると有効性が高い。

【中学校段階：問題・仮説・検証過程の表現，「なぜ」と問いながらの活動】

言語力の基本は，事象間の関連構造を把握していることである。社会科学習の基本構造は，問題・仮説・検証過程で構成されている。「なぜ，このようになっているのか」「〜の理由からこういったことになっているのだろう」「体験から，資料から，確かに〜のことが言える」といった事象間の関連構造である。

子どもは社会科の学習成果として，この事象間の関連構造を「社会事象を見る概念装置」として構成していく。習得していく概念装置を，言語で明示化していく過程は，言語力・読解力育成の学習過程となる。

【高等学校段階：自己の判断根拠の表現，「なぜ」と問いながらの活動】

社会科学習では，行動化につながる判断を求められる。問題，仮説，検証を経ても，それが最終的な判断になる訳ではない。問題・仮説・検証過程は事実判断である。事実判断は価値判断の重要な根拠にはなりうる。しかし，価値判断は，理想に関する判断，未来に関する判断であるので，一人ひとりの情意的判断も尊重されなければならない。

「なぜそういった問題が起こるのか」については，科学的な事実判断ができる。しかし，「どのように解決すべきか」に関しては，価値判断と関わってくる。高校生段階では，自己の価値判断を，根拠を持って，他の人が納得できる論理で展開できることが必要である。

言語力の育成のために，社会科において，暗黙知・教養知の育成，「なぜ」と問い続ける探究活動の展開が重要であることを強調しておく。

(2) **年間指導計画例**

年間指導計画の中にどのように言語力指導を入れていくと効果的かについて，一事例として4年の指導計画を示す。

【4年社会科　学習課題に組み込んだ言語力指導場面】

単元名	学習課題と問い
【大単元】住みよいくらしをつくる	【小単元①】ごみのしょりと利用（14時間） <学習課題>わたしたちのくらしから出るごみは，どのようにしょ理されたり，利用されたりしているのでしょうか。 ・わたしたちの出したゴミは，どのように集められて，どこに運ばれていくのでしょうか。 　（観察，聞き取り等の活動を通して事象を記述できる。） ・せいそう工場では，もやすごみを，どのようにしょ理しているのでしょうか。 　（ミクロな事柄にも着目して，観察結果を記述できる。） ・しげんごみは，どのようにさい利用できるようにされているのでしょうか。 　（リサイクルの過程における人々の活動を記述できる。） ・そ大ごみは，どのようにしょ理されているのでしょうか。 　（リサイクルの過程における人々の活動を記述できる。） ・かんきょうを守るために，まちの人々は，どのような活動をしているのでしょうか。 　（人々の行為を解釈し，考えたことを説明できる。） ・わたしたちは，ごみとどのようにつきあったらよいでしょうか。 　（人々の行為を説明し，行為の意味を判断できる。） 【小単元②】水はどこから（14時間）　—略—
	【小単元①】古い道具と昔のくらし <学習課題>古い道具を使っていたころの人々のくらしは，ど

11 社会科で育てる言語力

【大単元】 きょうどにつたわるねがい	んな様子だったのでしょう。 ・昔の道具にはどんなものがあるか，どんなことに使ったのかを博物館で調べてみましょう。 　（博物館の見学をし，展示品の中から学習に関係するものを探し，記述できる。） ・古い道具にはどのようなくふうがあるか，実際に使ってみてたしかめましょう。 　（古い道具を使って推理をして，くふうについて考えたことを論述できる。） ・古い道具と今の道具には，どんなちがいがあるのでしょうか。 　（両者を比較して，違う点を的確に把握して説明できる。）
	【小単元②】山ろくに広がる用水　―略―
	【小単元③】のこしたいもの，つたえたいもの ＜学習課題＞地いきにのこる古いものにはどんな願いがこめられているのでしょうか。 ・わたしたちのまちには，どんな文化ざいがあるのでしょうか。 　（地域の文化財をミクロに観察描写し，文化財の価値解釈を行い価値判断できる。） ・地いきにはどんな行事がのこっているのでしょうか。 　（地域の行事に参加した体験を生かして，地域の行事に対する地域社会の人々の考え方を説明できる。）
【大単元】 わたしたちの県	【小単元①】県の様子 ＜学習課題＞わたしたちの県には，どのような地いきがあるのでしょうか。

・地形によって土地の使われ方はどうちがっているのでしょうか。
　（地形と土地利用との関係を説明できる。）
・県内の交通はどのように広がっているのでしょうか。
　（資料を読み取り、中核都市を中心とした交通網を記述できる。）

【小単元②】くらしと土地の様子
＜学習課題＞土地の様子に合わせて、人々はどんなくらしをしているのでしょうか。
【小々単元②—1】海べのくらし　—略—
【小々単元②—2】平地のくらし
・平地の様子は、どのようになっているのでしょうか。
　（自分の体験と関連付けながら、平地の子どもの生活を記述できる。）
・米づくりのさかんな登米市の人たちは、どのようなくらしをしているのでしょうか。
　（米づくりの環境条件を考察しながら、生活の様子を推測して説明できる。）
・人々は平地の特色に合わせて、どんなくふうをしてきたのでしょうか。
　（地形条件と米づくりの関係を結び付けて説明できる。）
【小々単元②—3】山地のくらし
・山地の人々は、地形や気候のとく色をどのように生かしているのでしょうか。
　（地形、気候条件を生かした山地の生活を記述できる。）
・蔵王町では、なぜ、らく農やくだものづくりがさかんなのでしょうか。

	（らく農や果物作りと蔵王町の気候や地形条件を結び付けて論述できる。） ・白石市のこけしづくりは，どのように行われているのでしょうか。 　（歴史，材料，販路などを総合的に考察して，こけし作りを説明できる。）
	【小単元③】土地のとく色を生かした伝とう工業　—略—
	【小単元④】県とわたしたちのまちの発てん ＜学習課題＞宮城県は他の地いきとどのようなむすびつきがあり，これからどんな発てんをしていくのでしょう。 ・なぜ仙台市に人口が集まっているのでしょうか。 　（地方中心都市についての習得知識から推理して，仙台市の特色を論述できる。） ・わたしたちのまちや県がこれからどうなればいいか，考えてみましょう。 　（町の未来について，既習知識を総合的に結び付けて，予測して論述できる。）

　この年間指導計画においては，言語力の指導に直接関わる下記の用語を計画的に配置している。そして，この用語への着目が，社会科授業を一層科学的な展開になっていくように考えている。

【言語力育成にかかわる使用用語】

　記述，解釈，考えたこと，説明，推理，判断，論述，価値判断，予測などの用語が，社会科授業をどう変えるか，言語力育成にどのような有効性があるのかについての検討が，今後の課題である。

(3) 特徴的な指導事例

　社会科授業の展開過程における特徴的な指導場面を抽出し，その意味と有効性を検討していこう。分析対象としたのは，岩田一彦，米田豊編著『「言語力」をつける社会科授業モデル―小学校編―』（明治図書2008.3）である。

　① 記述・報告

　記述・報告する力の育成は，その成果が生かされるという実感を持たせることができるか否かにかかっている。例えば，5年「国土のようす（地形）」では，国土のようすを記述し，報告する学習活動が重要である。しかし，ただ，「『国土のようす』を調べて報告しなさい」との指示のみでは，学習意欲は湧かない。次のような学習問題を解くに欠かせない記述・報告の学習活動が必要である。（前掲分析対象書籍, pp.59-64）
○単元　5年　国土のようす（地形）
○単元の中核となる問い
　　なぜ，日本の地形は，小規模で複雑になっているのだろうか。
○記述・報告に関わる学習活動
　　・「平地だけを描いた地図」を提示し，日本の平地の分布について考えて書く。
　　・日本で一番大きな平野と，流れている川を発表する。
　　・日本と世界の平野の大きさを比較する。
　　・ミシシッピー川の三角州の写真を見せ，平野のでき方について考えて書く。
　　・日本の川は，世界の川と比べて，どんな特徴をもっているのかを知る。

　② 解釈

　これまでの社会科授業では，「解釈」という用語は意図的には使われて

こなかった。説明と解釈の区別はされてこなかった。今次の学習指導要領の改訂で，解釈という用語が使われたので，区別して授業を設計する場を持ちたい。解釈は説明と違って，個の体験や経験と結び付けた理解の表現である。次の授業で見ていこう。（前掲分析対象書籍，pp.79-85）
○単元　5年　自動車をつくる工業「解釈を求める授業場面」
○問い　なぜ，ラインスピードを速めに設定するのか。
○指導過程
・問いに対する予想を引き出す。
・作業工程を2時間ずつローテーションすることによって，8分かかっていたラインスピードを3分に縮めることができた事実を提示する。
・資料から，作業者がどのようにして作業時間を短縮していったのかを読みとらせる。

この授業において，作業者の気持ち，行動，改善提案等を発表する際には，個の体験や経験とつながった理解が必要である。同じ資料に対しても違った解釈が出てくる場面である。教師はその解釈をどのように扱い，授業を成立させていくかが今後の課題である。

③　説明

社会科授業の中核を形成する用語である。説明の社会科になることは社会科授業の科学化に通じている。そして，納得せざるを得ない構造で授業展開することとなり，言語力形成の中核にもなる。知識の構造化を明示した説明の授業例を見ていこう。（前掲分析対象書籍，pp.93-99）
○単元　3年　お店のひみつを調べよう①―なぜ小さいのにたくさんのお客さんがくるの？―コンビニエンスストアの秘密（全7時間）
「説明を求める授業場面」
○問い　なぜコンビニエンスストアは，店舗規模が小さいにもかかわらず，たくさんのお客さんが訪れるのでしょうか。

○指導過程
・なぜお客さんはコンビニエンスストアに買い物に行くのでしょうか。（仮説の設定…事実の主観的判断）
・実際に調べてみましょう。
　家庭・地域での聞き取り調査，コンビニエンスストアの見学・調査の実施（仮説の根拠となる事実の収集…事実の抽出）
・なぜお客さんはコンビニエンスストアに買い物に行くのでしょう。まとめてみましょう。（検証…説明による構造化）
　「なぜ疑問」を提示し，仮説を立て，根拠資料を調査し，これらを組み合わせて，「なぜ疑問」の答えを出し，説明としてのまとめを書くという典型的展開例である。

④　判断
　判断には事実判断と価値判断がある。ここでは価値判断場面の授業と言語力の育成について述べる。価値判断場面は，個の人生観，世界観と価値選択が結びついているものである。したがって，ぎりぎりの選択を迫る授業を展開すれば，自己の主張を他者に納得的に展開することが必要である。事実に語らせて，他者を納得させる言語力の育成に有効であると同時に，社会科授業の重要な場でもある。次の授業でその展開を見ていこう。（前掲分析対象書籍，pp.121-127）
○単元　5年　環境を守る森林の働き「判断を求める授業場面」
○問い　開発か，保全か，Y村の開発計画を考えよう。
○指導過程
・資料を提示する等，根拠に基づいた発表となるように促す。
・各グループの発表を肯定する言葉かけを行う。
・構造的な板書を行うことで対立している点を児童が容易につかむことができるようにする。

・最終的な意志決定をする際，ワークシートを活用することで，個々の意志決定の根拠を明確にできるようにする。また，代案が出せる場合には，その根拠を示すように促す。
・開発か，保全かでゆれる具体的な事例を紹介することで，「共生」の視点の重要性に児童が気づくことができるようにする。

　本時は，広島県吉和村（現廿日市市）における砂防ダムの建設をめぐる論争をモデルにしている。具体的事例の開発ができる場合には，豊富な資料と人々の生の声が聞けて，価値判断の重要な資料となる。また，こういった授業を通して，言語力も育っていく。

　本稿では，言語力に着目することが，社会科授業の革新につながっているとの視点から論じてきた。最初に，社会科が言語力に関連する用語をどうとらえるべきかについて論じた。次に，社会科授業がどのように言語力育成にかかわっているのかについて，学習段階，年間指導計画，特徴的な指導事例について述べた。今回の言語力への着目が，社会科の一層の発展につながるものであるとの主張が，現実になることを期待している。

12

算数科で育てる言語力

新学習指導要領が重視する「算数的活動」「表現」「活用」いずれにおいても，言語力が重要な役割を果たす。

　　　　　　　　　　　　　　　　　　　　　清水静海　帝京大学准教授

❶　算数科における言語力育成の考え方

　新学習指導要領において，算数科では授業時間数が増加している。平成元年改訂の場合と比べてほぼ同様であるが，他教科等との関連でみると相対的に授業時間数は多くなっている。この背景には，中央教育審議会（以下中教審とする）教育課程部会審議経過報告（平成18年2月）において，学習や生活の基盤を培う観点から「読み・書き・計算」の重要性が言われ，それとの関連で言葉の重視が示唆されたことがある。

　このことを受けて，「言葉は，『確かな学力』を形成する基盤であり，生活にも不可欠である。」として，言葉の役割が次のように整理された。いずれも算数の学びにおいて不可欠である。
・言葉は，他者を理解し，自分を表現し，社会と対話するための手段であり，家族，友達，学校，社会と子どもをつなぐ役割を担っている。
・言葉は，思考力や感受性を支え，知的活動，感性・情緒，コミュニケー

ション能力の基盤となる。

その後，言語力育成協力者会議が組織され（平成18年6月第一回会議），後述のようにその報告書案に盛り込まれた知見は新学習指導要領の根幹に反映されている。とりわけ，平成20年1月の中教審答申において，言語を「数式などを含む広い意味での言語」として広義にとらえ，算数のもつ言語としての役割の重要性が強く認識されたことは画期的な出来事である。

(1) 言語力と算数の学び

言語力は，言語力育成協力者会議の報告書案「言語力の育成方策について」（平成19年8月，以下「報告書案」とする）において，「知識と経験，論理的思考，感性・情緒等を基盤として，自らの考えを深め，他者とコミュニケーションを行うために言語を運用するのに必要な能力を意味するもの」と定義されている。

算数の学びでは，「自らの考えを深め，他者とコミュニケーションを行う」ことは不可欠である。算数の学びを通して言語力を高めることはもとより，言語力の程度が算数の学びの質を左右するといっても過言ではない。

① 算数の学びにおける言語力の役割

このことを，具体的事例でみてみよう。この事例は，第二学年の比較的早い時期に，53＋78のような「（2位数）＋（2位数）」の計算の学習の準備として，「50＋70の計算のしかたをかんがえよう」として「（何十）＋（何十）」の計算を取り上げたものである。この内容は，第一学年での学習を基にすれば容易に解決できる内容であり，授業は問題解決的に展開された。まず，課題を確認し，次いで，自力解決が行われ，最後に，その成果を子どもたちがまとめ，集団での検討に備える。次ページに子どもたちのまとめたものから典型的なものを取り上げる。かれらは，第一学年の第二学期の早い時期から，答えの導き方を記述することについて，意図的，計

画的な指導を受けてきており，約半年で以下のように記述できるのである。このことは，学びの質を自ら高めたり友達との議論を通して高めたりする上で重要なことである。

　右の考え（Aタイプ）は，もっとも素朴な考えで，50や70を直接操作して答えを求めている。つまり，計算を用いないで，数の構成に基づいて処理しているのである。この解釈が可能になるのは，かれらが答えの導き方を記述してくれたからである。学

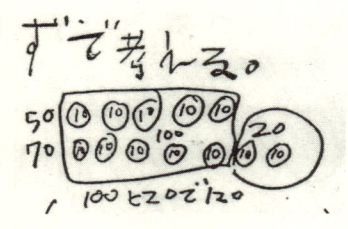

Aタイプ

習指導において，子どもたちがどのようにして答えを導いたかを知ることは重要である。もしも，この場合において，答えとして120だけが書かれたとしたら，答えの導き方についての情報を得ないままに推測でもって対応することとなる。

　かれらには，まず，この考え方で正しい答えを求められることを認め，これを基にして，よりよい考え方を工夫することをうながし，本時のねらいに接近できるよう導きたい。すなわち，数の相対的な大きさに着目すれば，既習の5＋7に帰着させることができ，もっと気楽に処理できるようになることへ導くのである。このことができるのは，かれらの言語力のたまものである。

　右の考え（Bタイプ）は，もっとも標準的な考えである。しかし，5＋7の計算に帰着させているが，説明に不的確な部分がある。そこで，数の相対的な大きさに着目して，既習の5＋7の計算に帰着させた

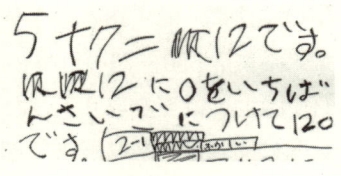

Bタイプ

着想を認めつつ，不十分なところがあることを指摘し，より的確な説明にあらためる必要がある。「12に0をいちばんさいごにつけて120です。」は，例えば，「5＋7＝12の12は10の個数だから，答えは10の12倍で120です。」

と改めて，この着想が他の同様な数でも適用できることを確認するよう導くのである。この場合にも，不的確な表現を改善することで，着想は生かされ質の高い記述に改めることが可能になる。これも子どもの言語力による。

　右の考え（Ｃタイプ）は，よくできた考えで，５＋７の計算に帰着させ，その後の処理についても的確に説明できている。このことを認め，まだ説明をよりよくする余地があることを示し，より的確な説明の工夫をうながすとともに，この着想が他の同じような数でも適用できることを確認し，「計算のしかた」としてまとめるよう導くとよい。

　　　　　　　　　　　　　　　　Ｃタイプ

　この説明で重要なところは「つぎに」と「だから」を的確に用いていることである。この子は本時の学習のねらいをほぼ実現している。仲間にこの子がおり，それを目指すとなれば，教師からの模範的な答えよりもより真剣に自分のこととして挑戦しようとする子どもたちがいるのではないか。これも，この子が答えを出す過程をつぶさに記述してくれているからであり，言語力のたまものといえる。

　ところで，課題「50＋70の計算のしかたをかんがえよう」の答えは少なくとも「50＋70の答えは120です。」ではない。「計算のしかた」を課題にしているからには他の同様な数でも同じようにできるアイデアが抽出されなくてはならない。例えば，「50＋70の計算は，10を単位とみて，既習の５＋７の計算をつかって簡単に答えを求めることができる。」及び「同じやり方で，50＋80，60＋70など（何十）＋（何十）の計算もできる。」が「答え」にならなくてはならないであろう。いずれにも，言語力が深くかかわってくる。

　上述のことは，自らの努力を振り返り自己内対話により自らの考えを質の高いものにしていく過程においても，友達と考えを伝えあい検討しなが

ら着想を共有したり新たな着想に気付いたりする過程においてもかかわる。

② これからの算数科の方向と言語力
ア 算数科の教育の今日的課題と言語力の育成

文部科学省は，TIMSS2003，PISA2003の結果を平成16年12月，平成15年度教育課程実施状況調査の結果を平成17年4月にそれぞれ公表したが，これらの調査の結果を基に小・中学校の算数・数学科の課題と改善の方向を三つにまとめている。まず，第一は，「計算，数量関係の意味を理解すること」に課題があり「計算技能だけでなく，計算や数量の意味を実際の場面と結び付けて理解させる指導の充実」を図ることが必要であるとしている。そして，第二は，「数学的に解釈したり，自分の考えや推論の過程を数学的に表現したりすること」に課題があり「数量の関係や図形の性質などを考察し，見出したことを根拠をもって表現させる指導の充実」を図ることが必要であるとしている。最後に，第三として「日常の事象と算数・数学を関連づけること」に課題があり「日常の事象を数学的にとらえたり，学んだ算数・数学を生活に生かしたりする指導の充実」を図ることが必要であるとしている。いずれも言語力の育成と深く関わることである。

こうした状況を念頭に置きつつ，「報告書案」の「教科・領域ごとの特質を踏まえた指導の充実（7(2)）」において，学習指導要領の見直しにあたって算数・数学科の改善への期待が整理された。その要点は次のようである。

・筋道を立てて説明したり論理的に考えたりして，自ら納得したり他者を説得したりする指導を行うこと
・帰納的な考え方や類比の考え方，予測や推測を検証するための演繹的な考え方をはぐくむ必要があり，それらの考え方をよりよく用いるために必要な言語力を身に付けさせること
・事実の説明あるいは理由や手順の説明の仕方を身に付けさせること

・根拠をもとにして，ある事柄が「正しい」「正しくない」ということを明確に説明できるようにすること

　いずれも，新学習指導要領では，算数的・数学的活動の充実ということで対応され，教科目標の改善や指導内容の充実，ならびに算数的・数学的活動の指導内容としての新たな位置付けなどとして反映されている。

　イ　新学習指導要領が目指すこれからの算数教育と言語力

　この要点は，教科目標の改善に端的に表れているので，現行のものと対比しながらみておこう。

新学習指導要領（平成20年3月）	現行学習指導要領（平成10年12月）
・算数的活動を通して， ・数量や図形についての基礎的・基本的な知識及び技能を身に付け， ・日常事象について見通しをもち筋道を立てて考え，表現する能力を育てるとともに， ・算数的活動の楽しさや数理的な処理のよさに気付き，進んで生活や学習に活用しようとする態度を育てる。	・数量や図形についての算数的活動を通して， ・基礎的な知識と技能を身に付け， ・日常の事象について見通しをもち筋道を立てて考える能力を育てるとともに， ・活動の楽しさや数理的な処理のよさに気付き，進んで生活に生かそうとする態度を育てる。

　第一に，算数的活動について，「数量や図形についての」と限定的に示されていたものが，それをはずし幅広に冒頭で位置付けられている。第二に，「表現する力」が挿入されている。第三に，「進んで生活に生かそうとする態度」が「進んで生活や学習に活用しようとする態度」に改められ，「活用」が強調された。実は，平成元年の改訂において「進んで生活に生か」すことは，算数科での「活用」を意図して，当時新たに加えたものであったが，「進んで生活や学習に活用」することとして新学習指導要領ではより積極的な表現に改めている。しかも，「活用」を一人歩きさせずに「生活や学習」として活用の場を例示していることは重要である。実

は，中・高等学校の数学科の教科目標においても全く同じ構造になっており，画期的なことである。

「算数的活動」，「表現」，「活用」いずれにおいても，言語力が重要な役割を果たすのである。

(2) 言語力の育成と授業改善

中教審答申（平成20年1月）において新学習指導要領の屋台骨に言語活動の充実が据えられることとなった。言語活動の充実は言語力の質に依存する。

言語活動は，「習得した知識・技能を活用して課題を解決すること」ができるようにするために，必要となる思考力・判断力・表現力等の育成と関連付けられている。中教審答申では，そのために不可欠な学習活動として，「①体験から感じ取ったことを表現する，②事実を正確に理解し伝達する，③概念・法則・意図などを解釈し，説明したり活用したりする，④情報を分析・評価し，論述する，⑤課題について，構想を立て実践し，評価・改善する，⑥お互いの考えを伝え合い，自らの考えや集団の考えを発展させる」が例示されている。

これらの原型は，教育課程部会審議経過報告の例示に見られるが，「報告書案」の内容が大きな影響を及ぼしている。例えば，②と⑥は新たに加えられ，③と④はそれぞれ「知識・技能を実生活で活用する力」と「情報を獲得し，思考し，表現する力」から修正されたものである。③，④及び⑤は，平成19年度より実施されている全国学力・学習状況調査における「主として『活用』に関する問題」，いわゆるB問題の出題の根拠を与えている。例えば，算数科ではB問題の記述式問題の類型として，(a)「事実」を記述する問題，(b)「方法」を記述する問題，(c)「理由」を記述する問題の三つが例示され，これらに基づいて記述式の問題が出されている。したがって，問題の場の設定や記述式の問題の趣旨及び内容は新学習指導要領の基本的な考えを先取りしているといえる。

12　算数科で育てる言語力

①　充実した言語活動を展開するために

そもそも、「表現（express）」には、「外に向けて（ex）搾り出す（press）」意味があるといわれる。したがって、表現することの基本には表現すべき内容、思いや考えを持つことがなくてはならない。また、表現することと考えることは深いかかわりを持っている。考えたことは表現することによって整理され、質的に高められるとともに新たなことに気付く機会が生まれる。

ア　言語活動を発動するための配慮

意味のある言語活動を発動できるようにするために、第一は、なぜ言語活動をするのか、その必要性やはたらきについて理解することである。第二は、何を言語表現するのか、その対象についての認識である。第三は、どのように表すのか、表現の方法を身に付けることである。身振り手振り・操作、図的表記、言語的表記（話す・聞く、読む・書く）やそれらの複合である。その際、初めから的確に表現できることは稀であり、自分なりの表現をしつつ、それを基によりよいものに練り上げていくことが尊いことを理解し、実行できるよう導くことが大切である。第四は、どのような状況で言語活動をするか、言語活動をする局面（状況）への配慮である。例えば、新しい知識や技能等を新たに生み出す場面、既習の知識や技能などを利用して記述したり判断したりする場面、それらの場面で判断したり考えたりしたことが妥当であるかどうか根拠を基にして説明したり伝え合ったりする場面などが考えられるが、それらが意識されることによって、言語表現の必要性が一層明確になり、対象、方法などがより適切に選択、決定され、一つのまとまりをもち文脈にのった言語活動が生まれ、展開されることになる。このような言語活動を支える能力が言語力といってよい。

イ　言語活動の充実と方法知の重視

言語活動を高めるためには、知識・技能が必要である。知識についてみ

ると，事柄の定義や性質など「事実に対する知識（事実知）」と問題を定式化したり根拠を明らかにしそれに基づいて説明したりするために何をどのようにしたらよいかなど「方法についての知識（方法知）」がそれぞれ必要である。技能についても，同様に，一定のアルゴリズムに基づいて技能を用いることができること，及びその技能がどのような場面でどのように用いることができるかを知り，実際に利用できることがそれぞれ必要になる。

　また，言語活動では，筋道を立てて説明することが必要である。その際に，帰納的に推論したり演繹的に推論したりすることが重要な役割をする。実際にこれらの推論を役立てるためには，まず，それらがどのような推論であるか知る必要がある。さらに，それらがどのような場面で使われるのかについても知る必要がある。帰納的な推論は予測や推測をする際に重要な役割を果たすこと，演繹的な推論は見いだした予測や推測が妥当であることを説明する際に重要な役割を果たすことをそれぞれ知ることである。これらは，実際に課題を解決する場面で，局面や状況に応じ適切に選択され，遂行される必要がある。このため，さらに，帰納的な推論では順序よく整理して調べたり，きまりを見つけやすく表現を工夫したりする方法，また，演繹的な推論では説明を構想したり構成したりする方法を知ることも必要になる。

② 算数観の点検と転換

　上述のことを確かに実現するためには，算数観の点検と転換が必要である。算数科の授業で取り上げている内容は，学習状況の評価の観点が示しているように，単なる知識や技能に留まらない。すなわち，まず，理解の対象となる知識である。次いで，表現や処理を手際よくしかも的確にするための技能である。さらに，それらを生み出す過程で先人がなした着想や方法及びそれらの背後にあるアイデアである。さらに，知識や技能，着想

や方法を生み出すことに先人を駆り立て，それを首尾よく実現させるためにはたらいたこと，すなわち，興味・関心，知的好奇心，態度などである。いずれも教育的に価値がある。

　計算を例に考えてみよう。今日では，純粋に数学の世界では「計算」の対象は，数値や記号はもとより，論理や構造にまでも広がりを見せており，古い「計算」とはだいぶ変わってきている。計算の対象は確かにかなり広がってきているが，「変形・変換操作」としての特徴は保持されている。

　算数科において，計算は一般に四則計算をさし，四則演算に基づいている。四則演算は"four fundamental operations"の翻訳であり，明治10年代に東京数学会社（日本数学会の前身）訳語会において統一された訳語である。ところで，"operation"には，操作の意味があり，その趣旨は「操ること」，すなわち，「ものごとに直接的にではなくて間接的にかかわること」にある。したがって，計算には，数量にかかわることなど，対象を間接的に処理する知恵や工夫が凝縮されており，そのことで直接的に処理することによる労力が肉体的にも精神的にも軽減されるのである。先人は，そのことに古くから気づき，計算に関する様々なアルゴリズムや工夫を生み出してきたのである。

　計算には，一定の手順やアルゴリズムにもとづいて手際よく正確に処理する力がその中核に位置づく。それは，これまで単に「計算」，あるいは「計算力」と言われてきたものにあたり，狭義の計算力である。

　しかし，この計算が生きてはたらく，すなわち，その真価を発揮して役に立つためには，それを支える他の要素にも配慮する必要がある。その第一は，計算の対象や計算の仕組みについての理解である。それらがともなわないと，結果の見積りや確かめが適切にできず，処理して得た結果の確認ができないこととなる。それでは，計算は信頼にあたらず何の役にも立たないことになる。また，自ら新しい計算のしかたを生み出したり工夫したりする際のよりどころともなる重要な理解であり，ものごとを発展的，

創造的に考え処理する基としてはたらくものでもある。

　第二は，具体的な場面において数量の関係を的確に把握し，演算決定できることである。演算決定ができないとせっかくの技能を生かすことはできない。演算決定は，日常の事象などを算数の舞台にのせること，すなわち日常の事象を算数の言葉で翻訳することである。そうするのは，算数の世界で結論を得て，それをもとに考えたり判断したりすることのほうが思考の労力の節約になるからである。

　しかし，算数の世界で得た結果は，そのままもとの場面の結論になるとは限らない。ので，もとの場面にあてはめて結果を解釈することが必要である。これが第三の要素である。

　第四の要素は，計算を生み出した動機である。例えば，常により手際よく，より簡単で，わかりやすい仕組みや処理の仕方を求め続けてやまない知的好奇心や興味・関心である。また，よりよいものに価値を見出し，それらを求め続けてやまない精神である。

　狭義の計算力が生きて働くものとなり，かつ，それを支える要素として自らよりよいものを生み出そうと粘り強くかつ楽しみながら努力を続ける精神などを加え，広義の計算力とし，それを狭義の計算力と区別するために「計算の力」とすると，計算で真に力のある子どもは，この「計算の力」を確かに身につけ，それを磨き使いこなせる子であるといえる。

　「計算の力」をはぐくむためには，先に述べた各要素にかかわってそれぞれ説明することが必要となり，言語力が深くかかわってくる。「計算の力」になぞらえて「数学の力」を類推すれば，ほぼ同様のことがいえよう。

❷　算数科における言語力育成の実践

(1)　子どもたちの努力・成果の適切な把握

　ここで取り上げる場面は第二学年の授業からで，課題は「43－9の計算

12 算数科で育てる言語力

の仕方を考えよう」である。第一学年で13－9のような計算の仕方を学習しているので，その自然な発展として子どもに挑戦させる場面である。A子の活動を見てみよう。最初に，ブロックをまとめている（図１）。何をしているのか。５，６分試行錯誤して，操作が終わった段階が図２である。そして，図を描いて説明しようとしてもかなわなかった。そして，終末の感想は「かんがえかたがかけなかったけれどたのしかったです。」であった（図３）。ということは，A子は，しっかり考えていたのである。

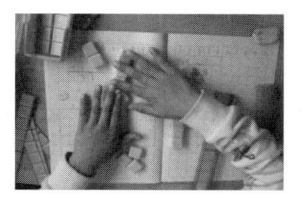

　偶然，A子のブロック操作をカメラに収めることができたので，その間のできごとを次に示そう。もし何か操作をさせて，始めと終わりしかA子の前にいなかったとすると，A子がその過程で何を考えていたか全くわからない。そのような場面はよくある。作業的活動や操作的活動など具体的な活動がもてはやされているが，その過程を，多くの子どもたちがいる中で教師一人で見ることは不可能に近い。では，その見えない部分をどのように見ていくのか。それには，自分の営みを記録に残すことができる子どもを育てるしかないであろう。考えていても頭の中は他人には見えない。操作の過程は，動かすことによって全部消えてしまう。そこをどうしていくかというのはけっこう大きな問題である。実は，ものを使わせれば使わせるほど切実

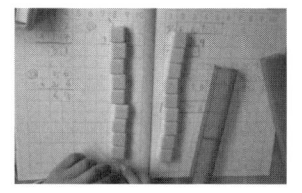

図１

図２

図３

図４

図５

141

な問題になる。

　実際を再現してみよう。次は図4。これは何をしているのか。ブロックは20個組になっているので，きちんと並べれば20個（以下「個」を省略）になるはずであるが，念のため10ずつに並べたのである（図5）。しかし，43にはまだ足りない。すると，板のような十の束をもってきて（図6），二つ追加して40（図7），40でもまだ足りないので，もう1本十の束を持ってきた（図8）。

　この後，A子は束とバラのブロックを入れ替えた（図9）。バラにできるのは20。バラにできる10が二つ分しかないので入れ替えたのであろう。この段階でA子は本質を突いている。そして，バラの10から7とって，43ができた（図10）。

　次は43から9をどうとるかである。3はとれるが残りの分は取れない。そこで，もう1回，十の束と入れ替えたのである（図11）。つまり，ここに至る過程で，この課題で本質的な操作ができているのである。もし，そうでなければ，入れ替える操作はできないであろう。しかし，そのことがこの課題の本質であることに気づいていたかどうかはわからない。感想で書いたことからすると，友達の考えを聞き，授業の展開の中で気づくことができたと推測できる。

　A子は減加法を使い，9をバラの10個から

図6

図7

図8

図9

図10

一度にとり（図12），この後，思考停止（図13）。それで図2のようになったのである。

　A子の操作の一部始終を観察できていれば，本質的なことは実体験していたことがわかる。ただ，操作の過程と頭の中でしていたことが残されていないだけである。このような大切なことが残るようにするにはどうしたらよいか。活動をする際に，その過程での出来事を話したり記述したりできるようにすることに配慮しないと，「宝の持ち腐れ」が起こる。ここにも言語力が深くかかわるのである。

　その後，図を用いて説明することに挑戦するが，時間切れになってしまった（図14）。最後にまとめが終わって感想を1，2分で書く。上述のように感想は「かんがえかたがかけなかったけどたのしかったです。」であった。友達がいろいろなことをやって黒板で発表したことを聞いて自分のしたことと結びつけることができたのであろう。自分のしたこととだいたい同じということで安心して，この感想になったと推測できる。

　子どもたちは何もしていないのではない。私たちがそれを的確にとらえる努力と工夫をする必要がある。このため，子どもたちの言語力を高めることが必要である。

図11

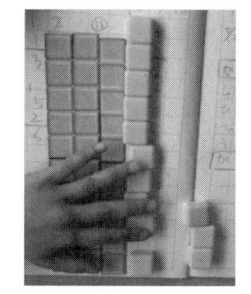

図12

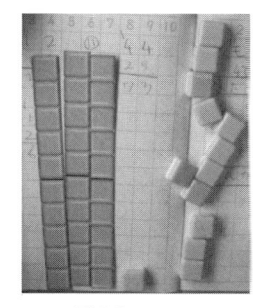

図13

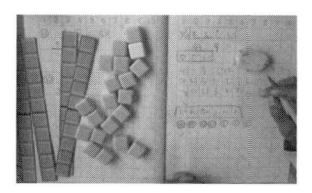

図14

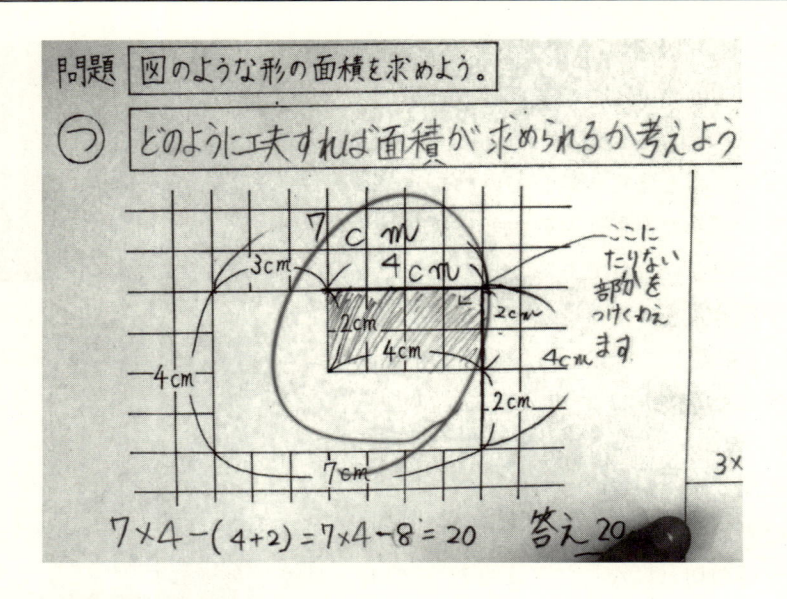

> 問題　図のような形の面積を求めよう。
> ① どのように工夫すれば面積が求められるか考えよう
>
> （図：方眼上の図形。7cm、4cm、3cm、2cm、4cm、2cm、4cm、2cm、7cm などの寸法が記されており、「ここにたりない部分をつけくわえます」とのメモがある）
>
> 7×4−(4+2)=7×4−8=20　答え 20

(2) 記述の質を高めること

　上掲のワークシートは、第四学年で長方形や正方形の面積の学習をした後での発展的な学習の場面からである。子どもたちの解答に○をつけることがよくみられる。その際、一つの○をつけて終わりにしてしまうことが多くみられる。この場合、大きな○は多くの子どもにとって「20cm²の答えだけ」につけられたものとなってしまっていないか。この子はもっとすばらしいことを書いてくれている。それらについても適切な評価が必要である。

　まず、はこの20cm²が出てきた過程を式を用いて簡潔に示している。これは、答えが正しい根拠及び答えを求める手順も示している。ケアレスミスが含まれているが、大した問題ではない。もっと大切なことは、このやり方をどのように考えて導いたかという着想が述べられていることである。今までは、「わけ」は頻繁に問われていたが、着想はあまり表に出てきていない。これをしっかりと書いているのはすばらしい。それから、最初の

○のうしろ側には，与えられた情報をもとに加えたデータを明らかにし書き込んでいる。

　したがって，最終的な答えと，それを導いた手順や根拠，それに気がついた着想及び与えられた場面の情報をどのように選択しそれらをどのように組み合わせたかという情報の分類・整理・選択のすべてに○が必要である。

　このように，記述の内容の質を問い，言語力を発揮してより上質の情報を発信できるよう導くことも大切になろう。

参考文献等

清水静海「知識・技能の活用で高める言語活動」，文部科学省教育課程課編『中等教育資料』，平成20年5月。

言語力育成協力者会議報告書案，平成19年8月。

中央教育審議会答申，平成20年1月。

清水静海「算数・数学の学びと言語力の育成，言語力育成協力者会議第1回資料，平成18年。

http://www.mext.go.jp/b_menu/shingi/chousa/shotou/036/shiryo/06061520/010.htm

文部科学省『小学校学習指導要領解説　算数編』，東洋館出版社，平成20年8月。

国立教育政策研究所教育課程研究センター『平成21年度　全国学力・学習状況調査　解説資料　小学校算数』，平成21年4月。

13

理科で育てる言語力

理科の学習指導過程である問題解決活動を促進するには,プロセスを通じての教師による言語的な働きかけが有効である。

角屋重樹 広島大学大学院教授
寺本貴啓 広島大学大学院院生
木下博義 広島大学大学院講師

❶ はじめに

　理科の学習指導過程は,一般に,以下のような5つの場面から構成される問題解決活動を構想し展開することが多いようである。
　子どもが,
　① 問題を見いだし
　② その問題となる事象を説明するための仮説を発想し(以下,見通しや予想,仮説などを一括して仮説と記す)
　③ 発想した仮説の真偽を確かめるための観察,実験方法を立案,実行し(以下,観察,実験を実験と記す)
　④ 実験結果を得て,その考察を行い
　⑤ 行ってきた問題解決の全過程を評価し,新たな問題を見いだす
という活動である。
　そして,①〜⑤の過程は,次のような流れになっている。

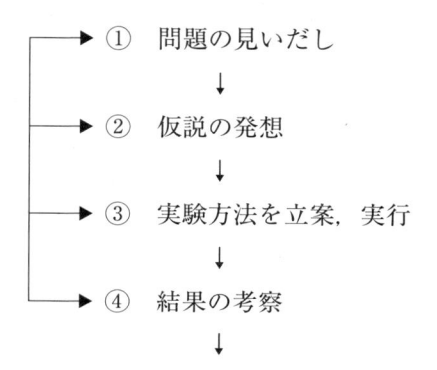

13 理科で育てる言語力

```
┌─→ ① 問題の見いだし
│        ↓
├─→ ② 仮説の発想
│        ↓
├─→ ③ 実験方法を立案，実行
│        ↓
├─→ ④ 結果の考察
│        ↓
└─  ⑤ 問題解決過程の評価，新たな問題の見いだし
```

図1　問題解決過程の流れ

　①〜⑤の活動において，問題の見いだし，仮説の発想，実験方法の立案，実行，結果の考察，新たな問題の見いだしなどの各場面が言語力の育成とかかわる。特に，実験結果の整理のしかたやまとめ方，考察のしかたなどが言語力の育成と強く関係する。

　そこで，本稿では，まず，「理科における言語力育成の考え方」において，思考力などの能力と言語力の関係について述べる。次に，「理科の学習指導過程における言語力」で，理科の学習指導過程である問題解決活動を促進するための言語力について述べる。さらに，①〜⑤において，④を中心にして「理科学習指導過程における実験結果の考察」で実験の考察と言語力の育成を，また，⑤を中心にして「理科の問題解決過程におけるメタ認知」で問題解決の全過程のメタ認知と言語力の育成を，それぞれ述べることにする。

　このため，以下，
　理科における言語力育成の考え方（第2節）
　理科の学習指導過程における言語力（第3節）

147

理科学習指導過程における実験結果の考察（第4節）
　理科の問題解決過程におけるメタ認知（第5節）
という4つの節を設定する。

❷　理科における言語力育成の考え方

　言語力と理科の関係は，平成20年1月17日に答申された中央教育審議会の「幼稚園，小学校，中学校，高等学校及び特別支援学校の学習指導要領等の改善について」の「7．教育内容に関する主な改善事項(1)言語活動の充実」で明確になっている。そこで，「言語活動の充実」を調べてみよう。この中で，理科と直接関係する部分を整理すると，以下のようになる。

> ○　各教科等においては，このような国語科で培った能力を基本に，知的活動の基盤という言語の役割の観点からは，たとえば，
> ・観察・実験や社会見学のレポートにおいて，視点を明確にして，観察したり見学したりした事象の差異点や共通点をとらえて記録・報告する（理科，社会等）
> ・比較や分類，関連付けといった考えるための技法，帰納的な考え方や演繹的な考え方などを活用して説明する（算数・数学，理科等）
> ・仮説を立てて観察・実験を行い，その結果を評価し，まとめ表現する（理科等）
> など，それぞれの教科等の知識・技能を活用する学習活動を充実することが重要である。

　上述の記述は，次のように整理できる。
1）観察・実験のレポートにおいて，視点を明確にして，観察した事象の差異点や共通点をとらえて記録・報告すること
2）比較や分類，関連付けといった考えるための技法，帰納的な考え方や

演繹的な考え方などを活用して説明すること
3) 仮説を立てて観察・実験を行い，その結果を評価し，まとめ表現すること

　1) 〜 3) は，比較や分類，関連付けといった考えるための技法や，帰納的な考え方や演繹的な考え方などを活用して説明したりすること，及び仮説を立てて観察・実験を行い，その結果を評価し，まとめ表現するという活動について述べられている。これらのそれぞれは，以下のように考えることができる。

(1) 比較や分類，関連付けの等の考える技法

　ここでは，比較や分類，関連付けといった考えるための技法の具体的な意味を考えることにする。

① 比較や分類

　比較や分類は，問題解決活動において問題を見いだすための技法となっている。例えば，上弦の月と満月というように，観察している現象どうしあるいは観察している現象と記憶している現象とを比べたり分類することから「なぜ，あるいは，どうして，月の形が変わるのか」というような疑問が生じ，問題が意識される。このようなことから，比較や分類は，問題を見いだすための1つの技法といえる。

② 関連付け

　次に，関連付けに関しては，次のように考えることができる。問題解決過程において，前述した「なぜ，あるいは，どうして，月の形が変わるのか」という問題が意識されると，その問題を説明するための仮説を発想する。この仮説は，太陽や月，地球の相対的な位置関係に関する既有の学習経験を帰納的あるいは演繹的に関係づけることから発想できる。したがって，関連付けは，問題解決のための仮説を帰納的あるいは演繹的に発想するための1つの技法と考えられる。

(2) 仮説を立てて観察を行い，その結果を評価し，まとめ表現する活動

そして，仮説を立てて観察を行い，その結果を評価し，まとめ表現するという活動は，次のように考えることができる。この活動は，問題解決過程において，問題意識のもとに現象を観察し，仮説を発想し，その仮説のもとに解決計画を立案し，実行する一連のものと考えられる。これは，実行結果から仮説の真偽を判断し，結論を導き出すという問題解決の一連の過程といえる。

以上のことから，論理や思考という言語活動の基盤である比較や分類，関連付け，帰納的な考え方，演繹的な考え方，仮説を立てて観察を行い，その結果を評価し，まとめ表現するという技法や一連の活動は，問題解決過程という文脈において成立すると考えられる。したがって，言語力は問題解決の力を支えるものと考えることができる。

■理科における言語活動
① 比較や分類，違いの発見
② 関連付け
③ 仮説をもとにした実験とその結果の評価

---

❸ 理科の学習指導過程における言語力

理科の学習指導過程である問題解決活動を促進する言語力の育成について調べるため，理科の学習指導モデルを例にする。理科の学習指導過程は，次のような5つの場面からなる子どもの問題解決活動によって展開することが多い。それらは，子どもが，まず，①事象から問題を見いだし，②その問題となる事象を説明するための仮説を発想し，③発想した仮説の真偽を確かめるための実験方法を立案，実行し，④実験結果を得て，考察を行

い，⑤問題解決の全過程を評価し，新たな問題を見いだす活動，である。
　ここで，問題解決活動を促進するための言語力育成の改善点を導出するため，①～⑤の各場面において，主に教師の言語による働きかけを，小学校理科の第5学年「植物の成長」を例に，具体的に考えることにする。
　なお，以下において，教師の働きかけは①，②というように丸付きの番号で，想定される子どもの反応は「・」のように示す。

(1)　**問題を見いだす場面**
　教師が枯れたヘチマ（A）と成長しているヘチマ（B）を実物や写真で提示する。そして，以下のような問いかけをする。
　　①「違いは？」
　　・「枯れている」
　　・「大きくなっている」
　　②「何がどのように？」（主語と述語を明確に表現させるため）
　　・「Bのヘチマは成長している」
　　・「Aのヘチマは枯れている」
　　③「何（性質，状態，関係など）がどのように異なるの？」
　　・「Aのヘチマは枯れているが，Bのヘチマは成長している」
　したがって，子どもに問題を見いださせるためには，事象の中から違いに気づかせるような言語による働きかけが必要である。……言語力育成の視点1

(2)　**問題となる事象を説明するための仮説を発想する場面**
　問題となる事象を説明するための仮説（以下，仮説とする）を子どもに設定させるためには，次のような働きかけが必要になる。
　　①「何がそのようにさせている（関係している）の？」「今まで学んだことでそれに関係することはないかな？」

151

・「アサガオを育てたときに，水や肥料，日光が大切だったので，水が
　　　ヘチマの成長に関係するのではないか」
　　・「肥料がヘチマの成長に関係するのではないか」
　　・「日光がヘチマの成長に関係するのではないか」
　②「『ヘチマの枯れる，成長するの違いは，水や肥料，日光に関係する』
　　というように整理できるね」
　したがって，子どもに仮説を発想させるためには，既有の学習経験を想
起し，類似関係などを適用させるような言語による働きかけが必要である。
　……言語力育成の視点2

(3) 発想した仮説の真偽を確かめる実験方法を立案，実行する場面
　発想した仮説の真偽を確かめるための実験方法を立案させるためには，
次のような働きかけが必要になる。
　①「仮説が正しいことをどのようにして調べるの？」「今まで学んだこ
　　とを使って調べる方法はないかな？」
　・「発芽の条件を調べたときに，調べる条件だけに注目し，それ以外の
　　条件をそろえて，比べるという実験をしたので，この実験方法を用い
　　ればよい」
　・「だから，ヘチマの成長に水が必要かどうかを調べるためには，水を
　　与えるものと水を与えないものとの成長を比べる実験をすればよい」
　②「予想される結果はどのように表すことができるの？」
　・「『水がヘチマの成長に関係するのではないか』は，水を与える与えな
　　いが，ヘチマの枯れる枯れないに関係するので，
　　　水を与える　　→　ヘチマは枯れない
　　　水を与えない　→　ヘチマは枯れる
　　と表すことができる」
　したがって，子どもに解決方法を発想させるためには，既有の知識に

13 理科で育てる言語力

類推などを適用して発想させるような言語による働きかけが必要である。
……言語力育成の視点3

(4) 実験結果を得て，実験結果について考察する場面

　子どもが結果を得てその結果を考察するためには，次のような働きかけが必要になる。
　①「得られた結果は？」
　・「得られた結果は，以下のようになった」

　　　　水を与えた　　　　→　　ヘチマは枯れなかった
　　　　水を与えなかった　→　　ヘチマは枯れた

　②「この実験結果と仮説を比較したらどのようなことがいえるの？」
　・「この結果は，水を与えるとヘチマは枯れないのに，水を与えないとヘチマは枯れるという（水がヘチマの成長に関係するという）仮説と同じだった」
　・「だから，水がヘチマの成長に関係するといえる」
　③「肥料の影響を調べた実験結果と仮説を比較したらどのようなことがいえるかな？」
　・「肥料の場合の結果も同じだったので，『肥料がヘチマの成長に関係する』といえる」
　④「日光の影響を調べた実験結果と仮説を比較したらどのようなことがいえるかな？」
　・「日光の場合も同じような結果であったので，日光がヘチマの成長に関係するといえる」

　したがって，子どもに実験結果について考察させるためには，仮説と実験結果が一致，不一致という視点で判断できるような言語による働きかけが必要である。……言語力育成の視点4

(5) 問題解決過程を評価し，新たな問題を見いだす場面

　子どもが新しい問題を見いだすようにするためには，次のような働きかけが大切である。
　①「今日学んだことはどのように整理できるかな？」
　・「水や肥料，日光の3つの条件を比べる実験で，『水や肥料，日光がヘチマの成長に必要である』という知識を得た」
　②今日の学習から，「何が解決できて，何がまだ解決できていないですか？」
　・「ヘチマ以外の植物も同じことがいえるかどうかを調べることが必要です」
　したがって，子どもが問題解決過程を評価し，新たな問題を見いだすようにするためには，ここで得られた知識や技能と，これから追究する課題を明確にできるような言語による働きかけが必要である。……言語力育成の視点5

　今まで述べてきたことから，問題解決活動を促進するための言語力育成の視点は，次のように整理できる。
【問題解決過程における言語力育成の視点】
(1) 子どもに問題を見いださせるためには，事象の中から違いに気づかせるような，言語による働きかけをする。
(2) 子どもに仮説を発想させるためには，既有の学習経験を想起し，類似関係を適用させるような，言語による働きかけをする。
(3) 子どもに解決方法を発想させるためには，既有知識に類推などを適用して発想させるような，言語による働きかけをする。
(4) 子どもに実験結果について考察させるためには，仮説と実験結果が一致，不一致という視点で判断できるような，言語による働きかけをする。

(5) 子どもが問題解決過程を評価し，新たな問題を見いだすようにするためには，個々で得られた知識と，これから追究する課題を明確にできるような，言語による働きかけをする。

❹ 理科の学習指導過程における実験結果の考察

　本節では，前節で述べた理科の学習指導過程の場面(4)「実験結果を得て，実験結果について考察する場面」について，第6学年「水溶液の性質」の単元で，水溶液を蒸発させる授業を例に，「言語力の育成に重点を置いた考察」と，そうでない考察（本節では「NGの考察」と記す）を具体的に比較することにする。

(1) 実験の目的
　4種類の水溶液A～D（食塩水・うすい塩酸・うすいアンモニア水・炭酸水）を「水に溶けているもの」で判別できるかどうか探るために，水を蒸発させる。

(2) 仮説
　以前学習した食塩水の蒸発のように，水溶液を蒸発させれば固体が析出し，析出した固体で（それぞれ異なっているので）判断できるだろう。

(3) 実験方法
　4種類の水溶液A～D（食塩水・うすい塩酸・うすいアンモニア水・炭酸水）を蒸発させ，蒸発後に残る物質があるかどうかを確認することで，水に溶けているものが何かを確かめる。

(4) **実験結果**

A（食塩水）　　　　　　→　白い粒が出る（第5学年の既習事項）
B（うすい塩酸）　　　　　→　何も残らない
C（うすいアンモニア水）　→　何も残らない（においがある）
D（炭酸水）　　　　　　　→　何も残らない（あわが出ている）

　※食塩水は固体が溶け，それ以外は気体が溶けているために，このような結果になることを確認していく。
　※「においがある」「あわが出ている」といった要因と関連付けた授業もよく実践されている。

(5) **実験結果について考察する場面**
　T：教師の手だて　　S：児童の反応

言語力の育成に重点を置いた考察	NGの考察
T：「実験では，どのような結果になりましたか」	T：「結果から何がわかりましたか」
《結果を確認・整理する》	「各自で，考えてノートに書いてください」
S：「白い粒が出たのと，出なかったものがあった」	
T：「何がどのようになりましたか」	〈時間をおく〉
《主語と述語を明確にする》	
S：「水溶液を蒸発させると，食塩水は白い粒が出たが，それ以外の水溶液は何も残らなかった」	
T：「それでは考察しましょう」	T：「わかったことを発表しましょう」
「考察は，仮説に振り返って実験結果からどのようなことがいえるか	※教師が一方的にまとめてしまう場合

考えることでしたね」
「今回の仮説は何でしたか」
《仮説を確認する》
S：「今日の実験の仮説は，『水溶液を蒸発させれば固体が析出し，析出した固体で（それぞれ異なっているので）判断できるだろう』でした」
T：「仮説を振り返って実験結果をみるとどのようなことがいえるかな」
《仮説と結果を関係づける》
S：「今回の実験結果は，食塩水だけ白い粒が残り，それ以外の水溶液は何も残らず，仮説と違っていた」
T：「今日学んだことはどのように整理できますか」
《仮説と結果が同じ，違うということだけでなく，何がわかったか改めて確認する》
S：「水溶液を蒸発させ，水溶液を判断するために出てくるものを調べた。その結果，『この4種類の水溶液ならば，食塩水だけ白い粒が残り，それ以外は何も残らなかったので，蒸発の実験方法では水溶液を見分けることができない』ということがわかった」

もある。

S：「食塩水だけ白い粒が出た」
「食塩水以外の水溶液は何も出なかった」
T：「そのことから，4つの水溶液を判断することができますか」
S：「4つの水溶液は判断できません」，「食塩水だけ判断することができます」

T:「今日の学習から，何が解決できて，何が解決できていないですか」 《今後への疑問を整理する》 S:「今回，見分けることができなかった3つの水溶液は，どうやって見分けたらよいだろうか」	T:「今日の授業で大切なところはここでした。今日のまとめとしてノートに書いておきましょう」

(6) 考察場面における比較のまとめ

上述の比較をまとめると，次のように整理できる。

言語力の育成に重点を置いた考察では，まず，「結果の確認・整理」や「主語と述語の明確化」の場面を設定している。これらの場面では，実験によって明らかになったことを，主述を明確にして整理している。

そして，実験における仮説を確認するとともに，仮説と主述を明確にした結果を関係づけた考察を行うことによって，仮説と結果が同じ（または違う）ということだけでなく，何がわかったのかを改めて確認することができる。

❺ 理科の問題解決過程におけるメタ認知

(1) メタ認知と言語指導

理科の観察・実験において，学習の初期段階では目標や仮説を明確にもっていても，活動が進むにつれて，それらを見失ってしまう子どもは少なくない。そこで，絶えず自分の学習状況を把握し，次の活動を調整する力を子どもに身につけさせる必要がある。このような力は「メタ認知（またはメタ認知能力）」といわれ，学習の促進や定着に重要な役割を果たすものであると考えられている。

このメタ認知を子どもに身につけさせる1つの方法として，次のような

指導法が考えられる。

問題解決の各場面において，
① 教師がメタ認知を促すような問いかけをしたり，それに対して子どもが主語・述語，接続詞などを意識しながら返答したりできるようにする。……話し言葉の指導
② 教師がメタ認知を促すようなノートやワークシートを工夫（例えば，記述形式）したり，子どもが主語・述語，接続詞などを意識しながらそれらへ記述したりできるようにする。……書き言葉の指導

このように，メタ認知を子どもに身につけさせるには，言語指導が重要である。

(2) **言語指導を重視した具体的な授業展開**

具体的な授業展開として，第4学年の単元「空気や水をとじこめると」を例に述べる。この学習の中で，子どもたちは注射器などを使って，閉じ込めた空気は押しちぢめられるかどうか調べる。その結果，閉じ込めた空気は押しちぢめられることを学習すると，次に「水は押しちぢめられるだろうか」という問題を見いだし，この問題を説明するための仮説を立てる。子どもたちからは，それまでの学習経験や生活経験をもとにして，「空気も水も，袋に入れてさわったときの手ごたえがよく似ているので，空気と同じように水も押しちぢめられると思います」「空気は目に見えなくて柔らかい感じがするけど，水は目に見えて固い感じがします。だから，水は空気と違って押しちぢめられないと思います」などの仮説が出ると予想される。しかし，子どもたちの発表や記述は，単に「押しちぢめられると思います」のように，主語や接続詞を忘れがちである。このように，主語や接続詞の抜けた発表や記述のままで学習を進めることは，自分の目標や仮説，学習状況を見失ってしまう原因になると考えられる。そこで，教師は「何が押しちぢめられるの？」「水はおしちぢめられると考えるのですね。

その理由も一緒に発表(記述)してください」と発表や記述を支援し,主語や接続詞を加えさせる必要がある。

　続いて,子どもたちは自分の仮説が正しいかどうかを確かめるための実験方法を考え,実験を始める。実験が始まり,何をすればよいのかわからず困っている子どもをみつけると,教師は「○○をやるんだよ。それができたら,□□をやるんだよ」という指示をすることが多くある。これでは,子どもは指示に従うだけになるため,教師の問いかけを「今,何をやっているの?」「次は何をするの?」といったものに変えることにより,子どものメタ認知を促すことができると考えられる。必要に応じて,図2に示すような質問カードを用いることが効果的である。また,これらの問いかけに対して,主語・述語,接続詞などを意識しながら返答したり,記述したりできるように指導することも重要である。

　そして,子どもたちは実験結果を整理し,考察を行う。例えば,「私は,水は押しちぢめられるという仮説を立てました。でも,実験してみると,仮説と違っていて水は押しちぢめられませんでした」「僕は,水は押しちぢめられないという仮説を立てました。それを確かめるために実験してみると,仮説通りで水は押しちぢめられませんでした」などの発表や記述が

図2　メタ認知を促すための質問カード

予想される。このとき，問題や仮説に立ち返り，それらにもとづいて結果を解釈すべきであるが，対応関係が崩れていることも少なくない。そこで，図3に示すような問題解決の過程に沿ったワークシートを用いることにより，学習の振り返りを支援することができ，子どもたちが的確な考察を書くうえで効果的である。

さらに，図3に示したワークシートを見ながら，自分が行ってきた問題解決の過程を教師や友人に説明する活動を取り入れることで，子どもたちは自分の学習を評価し，新たな問題を見いだすことができる。

したがって，理科の観察・実験を行ううえで重要なメタ認知を子どもに身につけさせるには，丁寧な話し言葉や書き言葉の指導が必要になる。

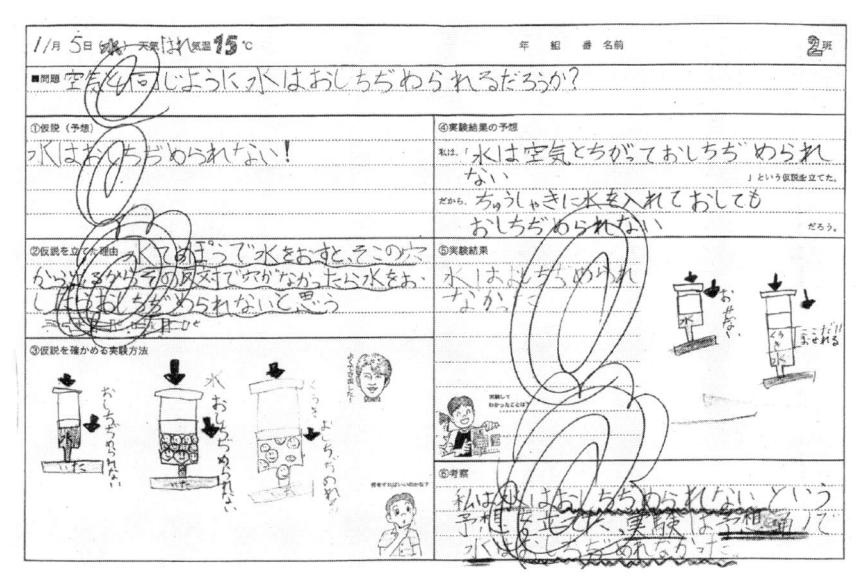

図3　問題解決の流れに沿ったワークシート

14 生活科で育てる言語力

直接体験を通して体感した気付きの質を広げ深める過程で,「実感・納得に支えられた言語力」を充実させていく。

松田智子　環太平洋大学教授

❶ 生活科における言語力育成の考え方

(1) 言語力育成の基盤となる具体的な活動や体験を充実させる

　生活科では,児童が身近な環境と直接かかわる活動や体験を十分に行い,そこから生まれる気付きを大切にしている。気付きは対象に対する個々の児童の認識であり,それには知的な面と情意的な面がある。対象を見たり探したり,物を育てたり作ったりする中で,「話したい・書きたい」と題材を収集する。この過程を通して,事柄の順序に沿い簡単な構成を考え,つながりのある文章を書く力が伸びると考える。身近な環境と関わる直接体験や活動は,児童が自分自身の生活とのかかわりで物事を把握しやすく,「納得と実感をともなった言語活動」の原動力となる。

　また,試行錯誤をともなう生活科の没頭体験後の気付きは,「どうしてかな」「もう一度実際に調べてみたいな」とさらなる自発的な活動に結びつく。このような活動の繰り返しや対象とかかわりを深める直接体験の充

実こそが、気付きの質を高めることになる。さらに気付きを明確化するためには、見つける・比べる・たとえるなどの学習活動の工夫が有効である。

児童は言葉・絵画・劇等で表現することで対象を見つめ直し、様々な視点で比べて気付きの質を高めている。特に「たとえる」学習は言語力を高める。「友達とのけんかを忘れさせてくれるようなきらきらとした木陰」「桜餅の匂いがする落ち葉のプール」と前の自分の体験を新たな気付きと関連付けて表現することが多い。教師が「友達にも『あっ！ なるほど！』と思える言葉で表現して教えてあげよう」と声をかけると気付きの質が高まる契機となる。

(2) **意欲的な伝え合い、交流の場を通して言語力を培う**

児童は活動や直接体験したことを伝え合う中で、自分の気付きと友達のそれとを比較し、共通点や相違点を見つける。そしてそれを確認するため再度地域に出かけていく。この活動は交流意欲を高めるには効果的だが、その内容を焦点化し、相手意識と目的意識を備えた具体的な伝え合う方法を身につけていない場合は、内容は聞き手にうまく伝わらないことが多い。

ここで国語科低学年の「相手に応じて、話す事柄を順序だてて話す」、「互いの話を集中して聞き、話題に沿って話し合う」などの能力が学習成果として発揮されることが求められる。豊かな体験や活動後に交流される言葉は「子どもの納得と実感に支えられた言語力」である。その交流の結果、お互いの気付きの質も高まり、その過程で児童は言語力を高めていくことになる。

(3) **学年別の言語力の育て方**

生活科は低学年教科なので、1年生から2年生への大まかな発達の方向を述べることとする。入学後の児童は教室から学校へ、学校から通学路へ、通学路から地域へと認識する空間を拡大していく。入学当初のそれは、点

と点とのつながりであり平面的なものではないが，2年生の夏頃からは行動範囲が広がり急速に拡大していく。この空間認識の拡大が児童の気付きを多様化し，言語力を支えることになる。

　また低学年児童は時間の概念を表す言葉が一様ではない。児童にとって「ちょっと前」の時間的長さは様々である。生活科では，具体物を媒介に自己の成長を振り返る活動を通して，だんだんと共通の時間軸を形成する学習を行う。その過程で，出来事や行動などを順序に沿って整理して話したり書いたりできるようになる。

　低学年児童は，就学前の生活経験の差が大きく，言語力の習熟の実態に大きな差がある。現在はほとんどが50音を読み書きできる状態で入学してくるが，一部全く読めない子どももいる。特に1年生は，生活科での具体的な体験を通して「字を書きたい。字を読みたい」と意欲的になる時なので，個に応じた言語力の指導をていねいに行う必要がある。

❷　生活科における言語力育成の実践（1年）

(1) 年間計画

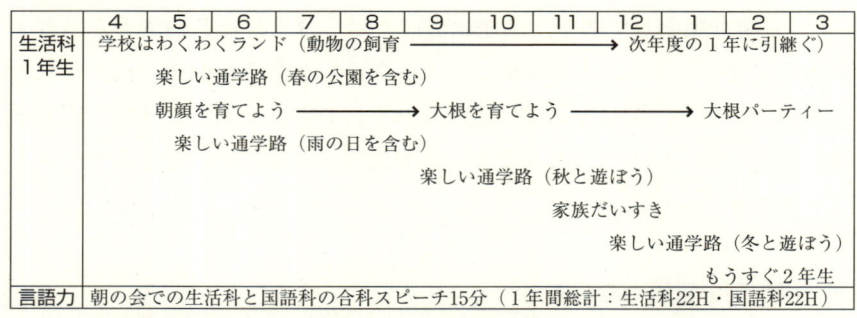

	4	5	6	7	8	9	10	11	12	1	2	3
生活科1年生	学校はわくわくランド（動物の飼育）――――――――→次年度の1年に引継ぐ）										
		楽しい通学路（春の公園を含む）										
			朝顔を育てよう――――→				大根を育てよう――――→			大根パーティー		
			楽しい通学路（雨の日を含む）								
						楽しい通学路（秋と遊ぼう）					
							家族だいすき				
								楽しい通学路（冬と遊ぼう）			
											もうすぐ2年生
言語力	朝の会での生活科と国語科の合科スピーチ15分（1年間総計：生活科22H・国語科22H）										

(2) 入学当初の話すこと・聞くことの指導：毎朝のスピーチタイム

　今回の改訂で「第1学年入学当初においては，生活科を中心とした合科的な指導を行うなど工夫する」と述べられているように，4月の最初は学

14　生活科で育てる言語力

校探検などの学習を中核として国語科の内容と合科的に単元を構成することが考えられる。ここでは，生活科と国語科の合科で設定した毎朝15分の「スピーチタイム」の実践（4月～7月）を紹介する。

この実践は，「2内容」の(1)の「学校と生活」の「通学路の様子」と，今回新たに追加された「その安全を守っている人々に関心を持ち」という点に焦点をあてている。さらに言語力「話すこと・聞くこと」の育成とかかわり，新たに付け加えられた内容(8)「生活や出来事の交流」と関連付けて行なった。

① 　入学直後から日直の児童が，生活科（学校探検や通学路の散歩）や日常生活で見たことや経験したことで心が動いたことから話題を決めて，それを思い出しながらスピーチする時間を設定した。聞き手と話し手の双方の立場から言語活動を行うため質問をする時間も設け，聞き手が尋ねたくなる事柄を明らかにした。聞き手が尋ねた内容に基づいて，スピーチに必要な事柄を再度取材するように指導した。入学当初はスピーチの課題設定や取材力に個人差が大きいので，個別指導の時間を多くとった。以下は指導例である。

児童1：昨日学校の裏門の坂のところで，みかんが落ちているのを見つけました。変だなと思いました。足で触ってみると堅かったです。

児童2：もう黄色くなっていた？

児童1：まだだよ，それに小さい。

児童3：すっぱいにおいがしていましたか？

児童1：嗅いでないから……虫が出てくるかも……

児童2：誰かが落としたの？　何で落ちてるの？

教　師：では，生活科で裏門のあたりを探検してみようか？
　　　　（児童は気がついていないが，数本の果物の木が植えてある）

② 　聞き手にイメージが伝わるために，話題の設定だけでなく，声の大きさや明瞭さ，早さを個別に指導する必要があった。どのような内容

のスピーチでも質問や共感的感想を出し合い，楽しく話せる雰囲気を大切にしながら，話す姿勢や音声の指導を適宜入れていった。

③　聞き手の興味を引く楽しさを実感すると，スピーチに具体物や写真等を活用する児童が増加した。言語での表現を補完する工夫を奨励する一方で，「それを言葉で表現すると？」と尋ね，意味となる具体的な状況をくぐらせ，語彙量を増やした。また，細やかな形容詞が使えず，感情表現が「うれしかった」等の数語に限られるため，「事実表記による感情表現」の指導を行った。

④　共感しながら聞いてもらえる楽しさを経験すると，6月頃から児童の話がだらだらと長くなる傾向が出てきた。そこで，一番言いたいことを焦点化するためにスピーチに短い題をつけてから話し始めることを指導した。スピーチ時間も1分と制限を加えた。

児童1：「汗だらだらの坂道」の話をします。私は学校へ来るとき，白い急坂を通ります。坂の入口では平気ですが，終わりごろになると汗がぽたぽたと落ちます。学校へ着くと，服がこれぐらいぬれています。（濡れたハンカチを見せる）山の上の学校だからお日様に近くて，こんなに暑いのかなと思いました。

児童2：山の高いところはお日様に近いから暑いの？

児童3：そんなことはないよ，山はすずしいよ。

児童1：涼しいけど，歩いてみると私の家の前よりは暑いからね。

⑤　身近な自然や社会とのかかわりから生じる児童の気付きは，視覚を通して入る情報が多くなりがちである。聴覚や触覚や臭覚等などから得られた気付きのスピーチを，意図的に取り上げて価値付け児童に返すことで気付きを広げることにした。また，児童の気付きの対象は「もの」が多くなる傾向がある。そこで「もの」の向こうにある，それを支える「ひと」への気付きも取り上げて，気付きの深まり指導した。以下は「通学路の変化」に焦点化して気付きを深めるスピーチで

ある。

児童1：昨日，おさる公園の水場の隣にあるごみ箱がいっぱいだったのに，今日は空っぽでした。それに，犬のうんこも消えていました。通って安心でした。おさる公園では，Bさんのおばあさんがいつも犬を散歩させながら「おかえり」と声をかけてくれます。

教　師：どうして消えたのかな？

児童2：市役所の人が車で集めている。Bさんのおばあさんが拾った。

児童3：幼稚園の時，近所のおじいさんが朝に掃除をしていたよ。

教　師：今もですか？　ごみはどうしているのかな？　不思議ですね？

児童3：家でお母さんかそのおじいさんに話を聞いてくるよ。

児童4：散歩しているBさんのおばあさんに聞いてみたらいいかもね。

児童1：僕らも，わかったら見に行こう。

⑥　ひらがな指導とあわせて，朝の会スピーチに，書くことの指導も導入した。5月頃から感想「ミニミニ」を聞き手が話し手に渡す機会も設けた。字が書けない児童は教師の代筆，絵での表現も可とするなど弾力的に実施した。たくさんの感想をもらった児童は「先生，これなんと書いてあるの？　読んで」「『きっと』のつまる音はどう書くの？」と文字学習へ意欲を示すようになっていった。

(3)　1年生の2学期の指導：書くことで伝え合い交流する

　1年生の1学期の伝え合う指導の重点は，話すこと・聞くことにあった。他方でこの期間は50音の文字指導など，ひとりひとりの児童に書くことの定着を図る過程である。1年生の2学期はこの成果の上にたって，1学期の話すこと・聞くことに加え，書くことで伝え合い交流する指導を強めることに重点を移行した。すなわち，直接体験を通して体感した気付きの質を広げ深める過程で「実感・納得に支えられた言語力（書くこと）」を充実させていくことが求められる。

15

音楽科で育てる言語力

単なる知識としての言語活動ではなく，音楽体験を通した学びを子ども自身の中で言語化していくことが望まれる。

　　　　　　　　　　　　　　　髙倉弘光　筑波大学附属小学校教諭

❶　音楽科における言語力育成の考え方

(1)　音楽活動を介して言語力を育てる

　新しい学習指導要領の解説（音楽）では，言語力の充実について次のように述べている。

　「鑑賞領域の各学年の内容に，感じ取ったことを言葉で表すなどの活動を位置付け，楽曲や演奏の楽しさに気が付いたり，楽曲の特徴や演奏のよさに気が付いたり理解したりする能力が高まるよう改善を図った。これは，受動的になりがちであった鑑賞の活動を，児童の能動的で創造的な鑑賞の活動になるように改善することを意図したものである。」

　すなわち，音楽科における2つの内容，「表現」と「鑑賞」のうち，鑑賞の領域において言語力の育成を図るように示しているのである。

　しかしながら，私は表現の領域においても子どもの生き生きとした言語活動がなされるものと思っている。本章では，実際の指導事例をもとに音

楽科における言語活動について述べる。

　最初に，音楽科の目標を示す。

「表現及び鑑賞の活動を通して，音楽を愛好する心情と音楽に対する感性を育てるとともに，音楽活動の基礎的な能力を培い，豊かな情操を養う。」

　つまり，音楽科では，音楽の表現，音楽の鑑賞の活動を通して，基礎的な能力，情操を育てることになる。だから，言語力を育てることは一義的ではない。音楽科の授業においては，あくまでも「音楽活動」が一義的でなければならないことを強調しておく。言語力の充実が大切だからといって，45分間の授業の大半を話し合い活動や，何かを書く活動に費やすことは，音楽科の授業では避けたいものである。

　実際に音楽を聴いて，そこから感じ取ったことを言葉にするとか，表現においても音楽活動をするなかで言葉を介して自分の考えを表現することが肝要であると考えている。

(2)　どのような場面でどのような言語力をつけるか
　① 鑑賞

　解説にもあるように，音楽から感じ取ったことを言葉で表すことが音楽科における言語力のもっとも大切なことになろう。それは，指導の意図に沿った内容，たとえば速度や強弱といった音楽の諸要素に子どもが気づき，それを言葉に表すことをさす。

　子どもが音楽を聴いて「音楽が速くなったり遅くなったりするところがおもしろかったよ」とか「静かな音楽だったのに，突然大きな音で演奏されるところがあってびっくりしたよ」などと，音楽そのものから感じ取ったことを言葉にすることが，鑑賞における言語活動で考えられることである。この活動をもとにして，さらに，音楽で使う用語（楽語）の習得，理解につなげることも考えられる。後で詳しく述べるが，子どもが「フレー

ズとフレーズの合間に調子よく音が入っているよ」と気づいたとき，そのことを音楽では「合いの手」と呼ぶのだと教師が教示する，つまりどの子にも通用する言葉を位置づけ，言葉の一般化をすることもとても重要な言語活動だと思っている。なぜかというと，このように鑑賞学習で得た音楽の用語は，次の段階では表現の工夫の学習場面などで生かされることになるからだ。たとえば，音楽づくりの学習場面で「ここに合いの手を入れようよ」とか「この音楽はロンド形式にしない？」などと，子どもたちが音楽用語を駆使して創作活動をするようになることが期待されるのだ。

② 表現

これは前述したように，たとえば鑑賞学習で習得した音楽用語を用いて，表現の工夫をする話し合いをすることが考えられる。実際に音楽を聴いて感じたことをもとにして言葉を習得しているから，単なる知識としての言語活動ではなく，音楽の実際をイメージしての，つまりは実感のある言語活動になるのである。

また，たとえば歌唱の学習で，楽譜の中にｆ（フォルテ）とかｐ（ピアノ）などの音楽記号が登場することがある。その際に，教師が単に「ｆはフォルテと呼びます。その部分を強く演奏する，という意味です」と頭ごなしに教え込み子どもに覚えさせるのは，今回めざす言語活動には当てはまらないだろう。そうではなくて，強く歌ってみたり，逆にソフトな声で歌ってみたり，あるいは自然に強く歌いたくなることを体験したのちに，記号の意味や名前について理解することが望まれるのだと思う。すなわち，先にも述べたとおり，何らかの音楽活動が子ども自身のからだを通して行われたのちに，それを言語のレベルで理解させたり駆使させたりするのが望ましいということである。「音楽体験→言語化」という図式が大切なのである。

さて，では，どの学年においてどのような言語力をつけたらよいのかと

いうことになるが、それは今回の学習指導要領改訂で出現した〔共通事項〕が参考になろう。学年の発達に応じて、音楽の諸要素、仕組みについて、音楽活動を通して学び、それを子ども自身が使えるように、子ども自身のなかで言語化していくことが望まれるだろう。

❷ 音楽科における言語力育成の実践：『剣の舞』の鑑賞学習

(1) 単元の指導目標と指導計画
○単 元 名　『剣の舞』を多面的に鑑賞する（5年）
○指導目標　『剣の舞』にみられる「合いの手」「ABA形式」「5音音階」
　　　　　　「変拍子」を聴き取らせ、それをもとに音楽の特徴を身体表
　　　　　　現させる。さらに、音楽の特徴を新聞形式にまとめさせる。
○指導計画　・「合いの手」「ABA形式」を聴き取る（1時間）
　　　　　　・「5音音階」「変拍子」を聴き取る（1時間）
　　　　　　・『剣の舞』の身体表現をする（2時間）
　　　　　　・『剣の舞』新聞をつくる（2時間）＜総合的な学習で＞

(2) 指導の実際
① 音楽用語の習得

　音楽鑑賞の学習をする際には、ただ漠然と音楽を聴かせ、子どもに感想を求めるのではいけない。なにか音楽の特徴などの観点をもたせて聴かせることが望ましい。もちろん、1つの音楽は多様な要素が複雑に絡み合ってできている。それらすべてを子どもが感受できるのは考えにくいことであるから、指導者があらかじめ聴く観点を絞って授業に臨むことが大切であろう。

　本実践の教材『剣の舞』では、4つの観点について取り上げることとした。その4つとは「合いの手（問いと答えの一種）」「ABA形式」「5音

音階」「変拍子」である。しかしながら，これらすべてについて指導法をここで示すのは無理なので，「合いの手」についてのみ記すことにする。

「合いの手」を聴き取らせるために，まず子どもたちがよく知っている『幸せなら手をたたこう』を歌うことから始める。始めの歌詞「幸せなら手をたたこう」まで歌うと，自然に拍手が2回起こる。教師はすかさず子どもに問う。「どうして拍手をしたの？」と。すると子どもは無意識のうちにしていた拍手の意味を考える。〈体験の言語化〉なる作業である。「なんとなく…」とか「そこで拍手を入れると調子がいいから…」などと返答がある。そこで教師が合いの手の定義づけをする。「そう，フレーズとフレーズの合間に調子よく入れる音のことを合いの手というんだよ」と。そして次のように続ける。「みんなの知っている曲にも合いの手のあるものがあるよ。探してみよう」と。すると，子どもたちはそれまでの音楽経験をたどって，「民謡にあるよね」とか「○○の曲にも…」「運動会の三三七拍子もそうかな？」などと考える。

その後に『剣の舞』の曲の中にも合いの手があることを知らせ，実際に聴かせる。これが鑑賞のメインの学習活動である。合いの手を聴き取った瞬間に手を挙げさせることをする。

こうして，子どもは音楽活動を通して「合いの手」という概念（言語）を得ることになり，意義ある鑑賞の学習をすることになる。このとき大切なことは，単に言葉として合いの手を教え込むのではなく，歌ったり聴いたりする音楽活動を通して，ということである。

② 音楽用語の活用：身体表現作り

次に，鑑賞で聴き取った『剣の舞』の特徴の理解をさらに深めるために，8人グループで身体表現する活動を組む。目に見えない性質の音楽を，目に見える形にすることを子どもたちに求めるのである。

すると，子どもたちが身体表現をつくるためにグループで話し合いを積

極的に行うことになる。その話し合いでは,「合いの手はどういう動きにしようか？」「この曲は ABA 形式だから最初の A と後の A の隊形を同じにしようよ」などと,習得した音楽用語を活用する姿が見られる。子どもが言語力をつけてきている証であると私は感じた。また,自分の考えを,言葉を使って仲間に伝えようとする積極的な姿も認められた。これも言語力が高まっていく姿と見ることができよう。

(3) 本実践の考察

　以上,音楽科における言語力について考えてきた。本実践では「合いの手」などの音楽用語を子どもがいかにして獲得するか,あるいは活用するかについて述べた。鑑賞で合いの手という音楽用語を獲得した子どもたちは,次に新しく音楽に出会ったとき「合いの手があるかな？」と聴く観点をもつだろう。また,音楽用語を得ることで,次の音楽活動（ここでは身体表現づくりをご紹介した）が,よりスムーズになることが見込まれるし,その用語を駆使して子どもは自分の考えを他に伝えようとすることが期待される。逆に言うと,音楽用語を知っているか否かで,その後の音楽活動の豊かさ,確かさに大きな差が出ることが予測されるのである。

　ちなみに,本実践の最後には「『剣の舞』新聞」をつくることにした。これは『剣の舞』を家族などに紹介する新聞である。一連の学習で得た 4 つの音楽用語について,今度は書くという活動で言語化したのである。

　頭で考える言語力,口頭で表現する言語力,書いて表現する言語力。音楽科においてもさまざまな言語力の育成が期待される。

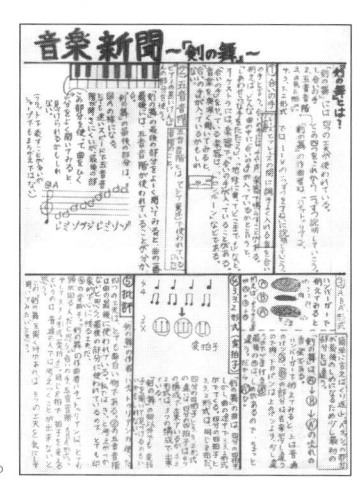

16 図画工作科で育てる言語力

からだで感じることを出発点に，造形表現と言語表現が自然に往来するような授業づくりの中で，子どもの言語力を磨いていく。

……………………… **郡司明子** お茶の水女子大学附属小学校教諭

❶ 図画工作科における言語力育成の考え方

(1) 「感じる」ことを基盤に「表す」「読みとる」

　図画工作科の学習は，表現及び鑑賞の活動を通して行われる。「表現」とは，感じたことや想像したことなどを形や色や質感として表すことであり，「鑑賞」とは，表現されたもののよさや美しさなどを感じとり，自分なりに意味づけて受けとめることである。言い換えれば，図工は「感じる」ことを基盤にして「表す」こと，「読みとる」ことを通した学びである。ここに視覚や触覚をはじめ，からだ全体の感覚を拠り所にした言語活動が介在することは自明である。図工は，子どもが「表す」—「読みとる」活動の中で自分の思いをめぐらせ，それを語ったり，他者の思いに耳を傾けたりしながら，様々な対話を通じて自分なりの意味や価値をつくり出していく時間である。「表す」—「読みとる」ことは，自己内対話をはじめ言語活動を介した相互作用の中で一体的に高まっていくと言えよう。

一方，言語以前の思いが生まれ立つところに寄りそうことこそ，図工の使命であろう。図工は，人が人らしく生きていく上で不可欠な感性や創造性を育むことに力点を置く。それらは，必ずしも明確な言語に直結するとは限らない。自身の内側にむずむずと生まれ出る思い，言葉にはならない思いをも造形の世界で具現化することを通して，子どもの思いや意欲の根源を耕す役割を担うのである。

また，我々教師は子どもに言葉で表現することを求めがちであるが，時には，感じたことを留めさせて，本当に"伝えたい"という，その瞬間(とき)を待つことも必要であろう。無理に言葉に置き換えることによって，感じていることとは異なるものとして流出したり，表面的な捉えで終止してしまったりすることがある。「感じる」「表す」「読みとる」活動における言語の働きには注意深くありたい。

(2) 学年別の言語力の育て方

低学年：子どもの言動を共感的に受けとめ，さらなる表現意欲につなげる

からだ全体で外的世界に働きかけ，全身で感じるなど，対象と一体になって活動しながらつくり出す喜びを味わう時期である。例えば，粘土の活動であれば「ぐにゃ，べちゃ，すー，ひょろひょろ」など，オノマトペとしての言語世界と，叩く，つぶす，ひねり出す等，からだで味わう造形行為とが実感を伴って結びつくよい機会である。

また，身近な材料を並べたり，積んだり，進んで対象に働きかける中で何かに見立て「まるで～みたい」といった発話から認識や想像を広げてさらなる遊びを展開していく。

このような活動を通じて，感じたことや気づいたことを自然に言葉に発するとともに，表したことを見せたい，伝えたいという気持ちが大きい。子どもの話に十分に耳を傾けたり，子どもの行為を共感的に受けとめたりすると同時に，子ども同士が交流する時間や場などを工夫し，さらなる表

現意欲につなげたい。

　中学年：かかわり合って学び合う関係性を育む

　手などの働きも巧みさを増し，扱える材料や用具の範囲が広がって，表し方の工夫をすることに意欲を示す時期である。のこぎりで木を切るのであれば，理に適ったからだの構えがある。からだと木との呼びかけ—応答から違和感が生じれば，修正していく。向き合う対象に語りかけ，その応答に耳を傾けるといった自己内対話が活性化する中で，創造的な技能を発揮したい。また，自分らしさを探ると同時に，友達の発想や考えに影響を受けるなど，形や色，組合せなどの感じをめぐって言語を介した活発なやりとりが見られる。共同製作を通じて意見がぶつかり合ったり折り合いをつけたりする際には，必要に応じて教師が介在し，互いの思いをときほぐして伝え合うなど言語活動を大事にした交流から，かかわり合って学び合う関係性を育みたい。

　高学年：造形表現と言語表現を組み合わせ，互いに深める

　この時期の子どもは，視野が広がり，自分なりの感じ方や見方などが育つと同時に，ものごとを社会的な視点から捉えられるようになる。ものを見る眼を養い，豊かな言語力を伴って自身の価値観や判断力をつくり出していく時期である。「芯の部分は直線だけど，周りはやわらかいイメージで曲線にしたよ。」と，自分らしさを線になぞらえて表した子が言う。このように，自分自身を見つめて心的なイメージを造形表現と重ね合わせ，言葉で結びつける傾向もある。筋道立てて表現したり，表現されたものを客観的に捉える力もついてくる。したがって，子ども自身が自他の作品や美術作品について語り合ったり，数人や全体で話し合ったりするなど言語活動を介した交流を重視して多様な価値に触れたい。また，ものごとの特徴を言葉に置き換えて説明したり，造形表現に向かう自身の想いを言葉で書き出したりするなど，表現及び鑑賞の活動の中で，造形表現と言語表現が自在に組み合わされて，時に補い合い，互いに深まる活動を展開したい。

16 図画工作科で育てる言語力

❷ 図画工作科における言語力育成の実践（5年）

(1) **年間計画：旬を味わう**

　からだで感じ，実感を伴った表現力を育みたいと考え，季節や子どもの旬を捉えた活動を重視して第5学年の年間計画を作成した。本校では，他分野（教科）とつながり合って学びを生み出している。

〔春〕「形や色で自己紹介」形や色をもとに自身を語る（図工）
　　　「文字の結晶」新年度の抱負を漢字一文字の切り絵で表す（図工）
　　お茶の葉を食す―茶摘み―茶づくり（総合）―和食料理に合うお茶選び（社会科）
〔夏〕「お茶の葉で染め物」・「茶碗づくり」（図工）―茶話会（総合）
　　　「アートレポート」身近なアートを取材（図工：夏休み中の課題）
〔秋〕「音楽の世界を描く」自分たちが音楽会で歌い，演奏する曲からイ
　　　メージを広げて絵画表現へ（図工）
　　　「美術館に行こう：アートかるたづくり」展覧会会場の作品に合う
　　　読み札を作成してかるた遊び（図工）
〔冬〕「おせちアート」料理の由来を調べて材料を工夫して作る（図工）

(2) **特徴的な指導事例**

① 「美術館に行こう：アートかるたづくり」

　校外学習の一環として美術館に足を運ぶ機会に恵まれた。事前に，図録のカラーコピーを用意し，その作品に合う読み札づくりを行った。最終的に，図録のカードと読み札を合わせてかるた遊びをするため，子どもたちは，美術作品から感じたことを話し合い，その特徴を注意深く読みとるとともに，言葉のリズムを意識して読み札づくりに興じた。展覧会のテーマは20世紀の人間像に着目した重みのあるものだった。子どもは直感的に作品のイメージやその背景を捉え，子どもなりの社会的な視点を含んだ言葉を用いて，作品と読み札との間に響き合う関係を生み出していた。

177

「アートかるた」遊びは, 読み札が示す作品カードを探し当てるゲームの面白さに加え, 仲間同士で鑑賞の視点を交流し合う機会でもある。それぞれに美術作品を読みとるイメージは異なるため, 自他の見方の違いや共通点が明らかになり, さらなる意見交流の場となった。

② 「おせちアート」

「旬を味わう」という学年全体の学びの履歴をふまえて, お正月の料理に着目した。新年の願いを込めるおせち料理。お煮染めに用いる蓮根は, 穴が開いている形状から見通しのよさと開運につなげる素材である。髭を持つ海老には長寿への願いを重ね, 鯛は"めでたい", 昆布巻きは"よろこぶ", 黒豆は"まめ"に働けるように, といった語呂合わせを含めて, 私たち日本人は食材の形, 色, 名称におめでたい意味を見出し, 体内に福を取り入れてきた。また, 各お重に意味を持たせて彩りよく詰める意識は, 繊細な言語表現や造形感覚の極みである。おせち料理は, 形, 色, 味わいに言語が豊かに結びつき, 差し出す相手への思いやりに溢れた生活の中の芸術であり, 伝統文化であろう。

冬休み中, 子どもたちは各家庭にておせち料理を取材し, 「アートレポート」にまとめて報告し合った。子どもたちの調べ学習が行き交うことにより, 幅広く先人の知恵や日本古来のおせち料理の価値が浮上してきた。子どもたちは, 食材の試食も行い, 形, 色, 味わいを, 主に紙粘土を用いた造形表現に置き換えていくことを楽しんだ。おせち料理の完成後には, 国語の時間に学んだ広告の伝達性を活かして, 広報活動も行った。和風のお品書きやデザイン性に富んだもの, 自分たちの活動を客観的に捉え, そのよさをア

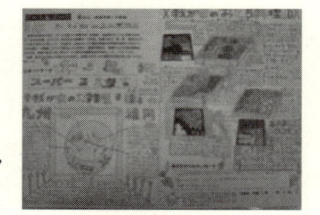

ピールするキャッチコピーを考えた。形や色のみならず、食感などの言語表現にもこだわりを持ちながら視覚的に伝える工夫が見られた。ここでも造形と言語のつながりを子ども自身が見出すと同時に、生活の中の伝統と文化を再発見し、その美しさや面白さを充分に味わった。

(3) **日々の実践から：クロッキー帳の活用**

　日々の図工の実践における言語活動を見直してみよう。子どもが作品に題名として名付けることをはじめ、表現に込める想いに向き合うことは自己内対話としての言語活動である。また、表現をめぐって感じたことを話し合ったり、美術作品から読みとったことを物語や文章で表したりするなど、様々な言語活動を伴って学習を展開している。これらの充実を図る上でノートの活用を挙げたい。

　本校では4年生からクロッキー帳という素描用のノートを使用し、スケッチをしたり、気づいたことや考えをメモしたりするなど、子どもが思い思いに造形表現のみならず、言語表現を用いて自分なりの学びを積み重ねている。授業の終わりには「ふり返り」として、その時間の疑問や課題を含めた学びを図や言葉で記録し、教師や友達とのやりとりにも活用している。さらにクロッキー帳には、学習資料等を貼るなどしてテキストやポートフォリオとしての意味合いも持たせている。

　図工では、からだで感じることを出発点にしながら、学びの中心を造形世界に置きつつ、造形表現と言語表現とが実感を伴って自然に往来するような授業づくりの中で、子どもの言語力を磨いていきたい。

17

家庭科で育てる言語力

衣食住など生活の中の言葉を実感を伴って理解したり，生活の課題解決のために説明したり考えたりする活動の充実をはかる。

　　　　　　　　　　　　　　　　　流田　直　十文字学園女子大学教授

❶　家庭科における言語力育成の考え方

⑴　言葉を使って生活の中の言葉を理解したり生活の課題解決をはかる

　小学校家庭科では衣食住など生活の中の言葉を実感を伴って理解したり生活の課題解決のために言葉や図表を用いて説明したり考えたりする学習活動の充実をはかる。

　中学校ではさらに言葉を通して幼児や家族，地域との触れ合いが求められる。また情報通信ネットワークや情報の特性を生かして考えを伝え合う活動や合理的判断力や創造的思考力，問題解決能力の育成をはかるための学習が求められてくる。

　生活していく上での様々な科学性や伝承文化を説明したり価値判断を論述したり，最適な解決策を仲間と意見交換して探求したり言語なしでは学習活動は進められない。

(2) 学年別の言語力の育て方

　5，6年対象の小学校家庭科においてはこれまで培ってきた既習の他教科の学習からの知識・理解や技能，道徳・特別活動などから育まれた心情面を総合し，新たに生活の中に潜む様々な現象やそれにまつわる言葉や状況を理解するために実践や体験をくぐらせることで実感して会得できる学習にしていきたい。

　中学校の技術・家庭科も小学校の学習を土台にしてより広げたり深めたりする内容が盛り込まれている。特に抽象的思考の高まるこの時期を考慮し情報教育もなるべく実感を伴うものになるよう具体的なものや扱いを盛り込み，非現実的や幻想的だけにならないよう配慮したい。

　特に仲間や家族，地域や周囲の人とのかかわり合いや触れ合いに言葉は欠かすことができない。これまで以上に言語活動を重視して指導に当たりたい。

❷　家庭科における言語力育成の実践

(1) 年間計画

　次ページに小学校第5学年の年間指導計画例を示す。ここでは主に学習内容が示されているが，それぞれの学習の場面で主にどのような形態で授業を進めているかを（　）記号で記していく。

　（一斉）一斉指導においてもワークシートを用い，できるだけ一人ひとりの声に耳を傾け共通の課題を設定するよう配慮する。

　（G）グループ活動では話し合いの際，皆の意見をメモさせ自分の考えや仲間からの刺激によって修正したことがわかるよう明文化して発表の際の手がかりにしていく。学習の総括やまとめは時間をとって文章化し記録して提出する。指導者はそれらすべてに目を通し，一人ひとりにコメントを加える。

家庭科　第5学年　年間指導計画

学期	月	題材	ねらい	おもな内容	形態
1	4	家庭科の学習とは？	・新教科の意味について考え，意欲を持つ ・用具の意味を考え針刺しを作る ・体験を通して生活との関わりを捉える	家庭科という教科 裁縫用具を整える 針と糸の使い方（玉結び，玉どめ，ぬいとり）	（一斉） （個）
	5			針刺し作り	（個）
	6	食べ物をつくる （調理実習）	・簡単な調理実習から食物についての理解を深める	調理室の使い方 調理用具と使い方 リンゴとミロ（計量） カナッペ（ゆで卵）	（G） （個） （G） （G）
	7			野菜サラダ	（G）
2	9	体と食べ物の関係 栄養について	・自分の食生活を振り返りバランスのよい食生活の大切さに気づく	体と食べ物 栄養素のはたらき 自分の食事調べ，分析	（一斉） （一斉） （家）
	10	布を使って(1) （手縫いで製作）	・布の性質や特徴を知り生活に役立つものを作る ・袋の構成を考え製作する	縫う練習 袋のはたらきと仕組 紙でモデル袋を作成 手順を考えて4型から自分の作りたい袋を製作する	（個） （一斉） （個） （個）
	11				
	12				
3	1	どちらにしようかな （衣服のはたらきと購入時の選択）	・衣服のはたらきを制服と私服で実感し，管理（洗濯実習）や購入について考え消費者教育的視点をもつ	制服と私服を着比べて衣服の様々な表示の意味取扱絵表示から洗濯実習衣服の購入時の選択	（一斉） （G） （個）
	2				（一斉） （個）
	3				（一斉） （G）

「制服と私服」の児童記録から

（個）個別学習として生活レポートを課題にしているが，詳細は生活レポートのところで述べる。

（家）家庭学習の場合には家族へのインタビューや聞き取りを入れるが，家族からのコメントをもらい家庭科の授業のようすを理解してもらうよう働きかける。

(2) **特徴的な指導事例**

① 生活レポート：見て聞いて調べてまとめ，みんなの前で発表する

毎日暮らしている生活の中から疑問に思ったり，不思議に思ったり，知りたいと思う課題を見つけて1枚の白紙にまとめる。全員が輪番で毎時間男女各1名が自分の課題を発表し質疑応答をする。生活レポートを学習としてするかどうかは子どもと相談して決め，する場合は次の3点を条件として文中に明記するよう指導する。また，発表前に原稿を提出させ，全員

分印刷し，それを見ながら聞き，質問を考えさせる。2人で15分ほどかける。プレゼンテーションに有効な学習と言えるだろう。

① テーマ設定理由（その課題を選んだ理由）

② 調査方法（本等の参考資料，専門家に聞く，実習する，博物館等へ行く）

③ 調べたりやったりしてわかったり気づいたりした感想

現代の子どもの関心は多岐にわたり，家庭生活の課題は社会問題や世界情勢だったりするのである。次に子どもの作品例を掲げる。

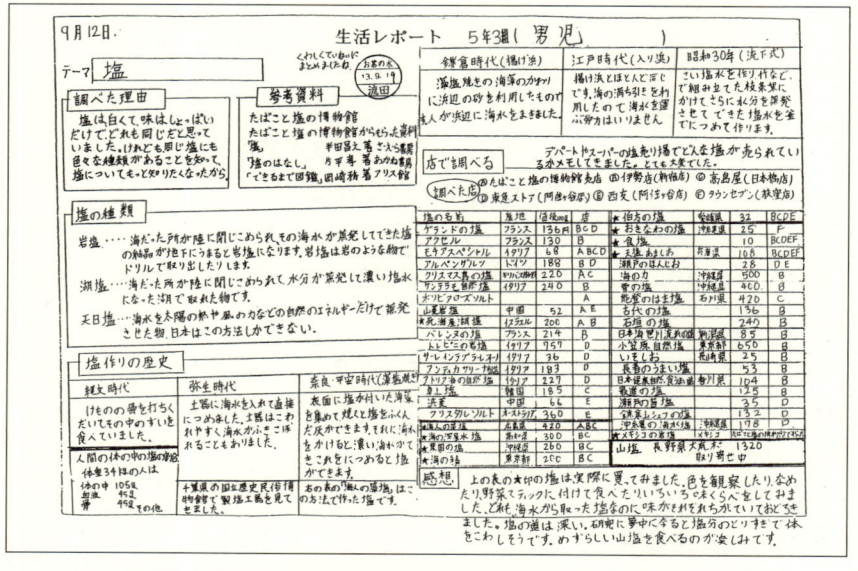

「塩」をテーマにある子がまとめた「生活レポート」

② どちらにしようかな：論拠をもって話合い自分の考えを持つ

話合い活動を進める場合，以下のようないくつかの配慮事項が考えられる。

・一人ひとりの子どもが自分の考えを自由に気兼ねなく言える雰囲気が

ある。
・仲間の意見に耳を傾け自分の考えだけに固執しないで修正が加えられる。
・相手の考えを否定したり揶揄したりしないで話合いをより発展させる。
・自分の考えをはっきり持って表現できる。（メモ等の活用）

　この学習は，Ａ，Ｂ２つのトレーナーの実物を子どもに見せ，あなたなら自分の小遣い（授業が年明けだったのでお年玉とした）で買うとしたらどちらを買いたいか，という設定である。初めに知りたい情報（値段，製造会社名，品質表示（素材）取扱表示，サイズ，購入店等々）を共有してから話合いに入る。話合いの子どもの意見をまとめて表にする。

Ａ を 支 持	Ｂ を 支 持
・有名メーカーだから信用がある。（安心） ・Ｂはさわるとざらざらしていてなんとなく安っぽい。 ・自分のイメージはＡだから。 ・色が真白でかっこいい。 ・値段が高い分じょうぶだと思う。 ・Ｂのような柄は家にいっぱいあるからＡがほしい。 ・Ａの方がはだざわりがよい。 ・この会社が好き。 ・サイズが大きめ。 ・値下げするのはＢが売れないからだからＢよりＡがいい。	・同じサイズだったら短い間しか使えない。だから安い方がいい。 ・洗濯機で洗えて便利，Ａは手洗い。 ・アイロンがけが便利（Ａは当て布必要） ・素材が２つのものを使っているので良いところが両方入っている。 ・さわってみてあたたかそう。 ・真白よりちょっと黄色っぽく汚れが目立たない。 ・Ａはなんか絵がベトベトしている。 ・Ａ１つを買うだけでＢは３つも買えてしまう。 ・ポリエステルはしわになりにくい。

　教室の真中で向かい合わせＡ，Ｂそれぞれの支持者（約半数ずつ）が座り，仲間の意見で考えが変わった場合は座席も移動する。数人が意見を聞いて座席を移動したが多くは自分の初期の考えを最後まで貫いた。当初ディベートも考えたが小学生の場合討論の方が感情移入ができ，話合いが活発になるようである。これは消費者教育的な視点を取り入れた学習の一例である。

18 体育科で育てる言語力

言葉を体の感覚として受け入れ，遊んだり表現したりする。特に，低学年のうちに感覚を耕すことが，その後の学習につながる。

.... **栗原知子** お茶の水女子大学附属小学校教諭

❶ 体育科における言語力育成の考え方

(1) 体の感覚を耕すことが言葉の感覚を耕すことにつながる

　言葉にはリズムがある。心地よいリズムである。我々は，そのリズムを体で受け止め，感じ取っている。楽しんでもいる。音としてだけではない。書かれた言葉でも，漢字やひらがなにさえ，無意識のうちに我々の体は反応している。体から生まれる言葉は，体や動きと切り離されるものではない。逆に言えば，体の感覚をとぎすまし，充分受け入れられた感覚が言葉として凝縮される。体の感覚を耕すことが，言葉の感覚をも耕すことにつながる。特に，低学年のうちに，そのような感覚を刺激することが，その後の言葉の学習にもつながっていくのではないだろうか。

(2) 学年別の言語力の育て方

　低学年では，生活の中で体を通して言葉を感じることに重点を置く。ま

た，言葉のリズムに多くふれることで，言葉を体の感覚として受け入れられるようにする。方法としては，言葉のリズムで遊ぶ。言葉遊びや詩，だじゃれのふりつけで踊るなど，楽しいことを積み重ねて。

中学年になると，体で感じたことを言葉として表すことにも取り組める。逆に，言葉のイメージを体の動きとして表して確かめる学習も有効である。観察したこと，気づいたことを，言葉や体の動きなど色々な方法で表して，表現の幅を広げていきたい。

高学年では，自分の体の感覚をいろいろな言葉や文として表現できるようにしたい。加えて，感情や情緒を適切な言葉として表す語彙の習得と同時に，言葉を体で表すための語彙（動き）を増やすことも考えたい。それに伴い，いろいろな表現方法にふれる経験も重要と考えられる。

さらに，ゲームで仲間と話し合いながら作戦を練る学習を通して，論理的な能力やコミュニケーション能力，また，記録をつけ，自分の活動を振り返るなどの学習場面を通しても言語力の育成が可能と考えられる。

❷ 体育科における言語力育成の実践（1年）

(1) 年間計画

 ＜1学期＞ 声を出そう。みんなで息を合わせよう。
      体で字を書こう。大きく書こう・小さく書こう。
      体の色々なところで書いてみよう。
      鉛筆を上手に持とう。
 ＜2学期＞ 言葉やお話を動いてみよう。
      気持ちを考えて体で表そう。
 ＜3学期＞ 声を体で感じよう。立って話す・寝て話す。
      お腹に手を当てて体の動きを感じよう。
      詩のリズムで遊ぼう。詩を動きで表そう。

みんなに見てもらおう。

(2)　1学期の指導から
　①　手遊びと言葉のリズムで遊ぶ
　　「のぼるよコアラ」（多志賀明　作詞／作曲）
　①登るよ　登るよ　コアラ　　　　②下りるよ　下りるよ　コアラ
　　ユーカリの木を　Go！Go！　　　ユーカリの木を　Go！Go！
　　登るよ　登るよ　コアラ　　　　下りるよ　下りるよ　コアラ
　　お日様こんにちは　ハロー！　　お日様さようなら　グッバイ！

　右手の人差し指と左手の親指をくっつけてスタート。階段を登るように，歌に合わせて，右手と左手の人差し指と親指を交互につけながら，上に動かしていく。「Go！Go！」はエールを送るように片手を高く上げて，元気よく。「お日様こんにちは」で，手を握って体を丸めてから，手を大きく開き，「ハロー」とお日様の光に向かって手を振ろう。
　2番は下り。今度は指先の動きを逆にして下に動かしていく。「お日様さようなら」で開いた手を閉じて「グッバイ！」でやっぱり手を振ろう。
　初めは，指の動かし方がわからなかったり，ぎこちなかったりする子もいるが，続けて繰り返すことで指の動かし方にも次第に慣れ，上手に動かせたり，リズムに合わせられるようになったりする。指先を動かしながら声を出すことで，体の感覚と歌のリズムが自然に体得されてくるのである。指先を動かすことは，生活や他の学習活動にもしっかりつながってくる。朝の会（登る）や帰りの会（下る）で，クラスみんなで歌おう。息を合わせることでクラスの一体感も感じられるようになる。

18 体育科で育てる言語力

詩のリズムを体で感じる

② 詩のリズムにのせて，声を出す楽しさを感じる

　入学直後の緊張している時期は，お腹から声を出すのが難しいことがある。そこで，安心して声を出せるように繰り返しを楽しむ。

　例えば，谷川俊太郎の詩「くんぽんわん」を題材に，先生と子どもたちが，詩のリズムで掛け合いをする。先生が前半を読み，子どもたちが返事のように後半を読めるようにしてやる。慣れてくると，安心していい声が出せるようになる。言葉のリズムも感じられるようになると，子どもたち同士で，詩のキャッチボールができる。

　繰り返すことで，リズムだけでなく，次第に詩の内容にも興味を持ち始めたら，教材として取り上げて，みんなで考えながら読むこともできる。

　好きに体を動かしながら声を出して楽しんでいた子どもたちが，内容に合わせた動きも考えるようになる。それを実際にやってみることで，子どもたちの声の出し方が変わってくる。「痛い時はこんな感じ」「怒っているからこんな顔」「はねるのはこうやるの」。自分たちで工夫して，やってみて初めて，言葉が実感を伴って子どもたちの体に染みる（腑に落ちる）のである。

　気に入った動きが見つかったら，みんなに見せてあげよう。「上手だね」と言われるのはもちろん，言ってあげる子の瞳も輝いている。ちょっと真似してみたり，一緒にやってみたり，楽しい学習がどんどん広がる。

③ 体で字を書こう

入学してすぐは,「鉛筆を持つ」ことさえ難しい子がいる。

そこで,はじめは本物の鉛筆で持ち方から細かく指導するだけでなく,大きく元気に書いてみる活動が有効である。

それも,指先だけでなく,手のひらで,腕を全部使って,空中にできるだけ大きく書く。時には,体も動かして立ち上がって書いてみる。はみ出すぐらい。書き順をみんなで大きな声で言いながら。はねたり,はらったり,大きく書いてみるとわかりやすい。新しい発見もある。字の持つ勢いやつながりを全身で感じることで,書き順も自然に身につき,定着してくる。これは,漢字の学習でもバージョンアップして使える。

(3) 2学期の指導から

言葉やお話を動いてみよう:言葉の感覚を動きで表す

T:「トントントン」
C:「何の音?」
T:「動物たちがやってきた音」
C:「ガオーガオー
　　ピョンピョンピョン
　　ドスンドスン
　　スーイスーイ
　　チョコチョコチョコ」
T:「いろんな動物が見つかったね」

先生と子どもたちの言葉のキャッチボールで,遊びが始まる。子どもたちの柔軟な感覚で,色々な音を見つけて動きで表す学習である。先生は,

色々な音を見つけて動きで表す

見つけた音を絵と言葉のカードに

18 体育科で育てる言語力

初め子どもたちが動きやすいように、口伴奏をつけてやるとよい。ピョンピョン軽く跳ねる動物、ドスンドスンと重たい動物、スーイスーイ泳いでいるなど、音の違いと動きの違いに気づかせながら、慣れてきたら子どもたちが、自分で見つけて動けるように。

「風の音」「石が転がる音」「雷の音」「花火の音」「電車の音」「お化けの音」など、見つけた音を絵と言葉でカードにしておくと、さらに学習を深めることができる。

(4) 3学期の指導から

詩のリズムで遊ぼう。詩を動きで表そう：言葉の意味を考えて、体で表す

言葉の意味を体で表す

関根榮一の詩「えびさん」を題材に、ことばのリズムも感じながら、一瞬で意味をつかんで動きにする。言葉を理解しているかどうか、見ている子にもわかる。意味を考え、体で確認していくことは、物語やお話の劇化にもつながり、自分のものとして読みを深めていく学習に発展させていける。一人一人の自由な表現とみんなで合わせることの心地よさも感じさせてやりたい。

このように、低学年のうちに、体を通し、自分の経験をふまえて言葉を理解する活動を積み重ねておくことが、成長に伴う言語の学習に大きな影響を与えていくと考えている。

19

道徳で育てる言語力

感性・情緒を基盤に自らの考えを深め，他者とコミュニケーションしたり自己内対話したりするための言語運用能力を育てる。

塚本憲子　朝倉市立立石小学校校長

❶　道徳における言語力育成の考え方

(1) 他者の考えに触れる中で自分の考えや感じ方を拡げ，深める

　感性や情緒は他者との人間関係の中ではぐくまれるものであり，美しい言葉や心のこもったことばの交流は，人間関係を豊かなものに高めていくことができる。道徳の時間において，自分の考えを書いたり，話し合ったり（討論したり）するなどの表現する機会を充実して自分とは異なる考え方に接する中で，自分の考え方や感じ方が広がったり深まったりすることができる。

　また，これらの高まりによって自らの成長を実感することができる。道徳の時間における言語力とは，感性・情緒を基盤に自らの考えを深め，他者とコミュニケーションを行ったり自己内対話を行ったりするために言語を運用する能力ととらえられる。このような言語力を道徳の時間の学習活動で育成することで，互いの立場や考えを尊重して，自己の思いを伝えあ

19 道徳で育てる言語力

うことで自己理解他者理解につながり，よりよい人間関係づくりができる。さらに，自然や文化社会とふれあいその感動を伝えあうことができ，感性や情緒の高まりを期待することができる。

(2) 学年別の言語力の育て方

道徳の時間における学年別の言語力の育て方を次のように考える。

学年	目　　　標	授業のアイデア
低学年	自己の心情や判断を表現する活動を通して道徳的な価値観の形成を図る。	・資料の人物になって吹き出しにつぶやきを書く。 ・資料の人物の役割を演技して，人物の思いや考えを書く。
中学年	人に感動を与える心の美しさや強さを表現し道徳的な心情を豊かにする。	・資料の人物の心を2色で表現させ，その理由を話し合ったり，心を色で表現し，その色にした根拠を話し合ったりして道徳的見方考え方を明らかにする。
高学年	公正正義など倫理的な諸価値を用いてさまざまな課題について討論等を行い判断力を育成する。	・資料の人物の行為や考え方について，色々な立場に分かれ討論しあったり，ディベート的話し合いをすることで道徳的な見方考えを明らかにする。

❷　道徳における言語力育成の実践（5年）

(1) 総合単元的道徳学習の構想

総合単元的道徳学習とは，道徳の時間を中核にして，各教科や特別活動・総合的な学習の時間の学習を関連化し，児童の課題意識を連続発展させながら道徳的な価値の自覚を図る学習である。各教科等の学習時間は，

それぞれの教科特質に応じたねらいに基づいて学習するが，その時間に体験した道徳的な体験は，道徳の時間に補充深化統合し，価値の自覚を図るという学習スタイルである。年間計画は以下の通りである。

5年　道徳　年間計画

月	学習内容	時数	言語力育成との関連
4 5 6 7	総合単元Ⅰ 自然を大切にする心 3―(1)自然愛 ひとふみ十年 よみがえれ私たちの海	2	資料の人物の気持ちを吹き出しに書き，価値に照らして類型化し道徳的なものの見方感じ方を深めたり広めたりする。
9 10 11 12	総合単元Ⅱ くじけないで努力する心 1―(2)不撓不屈 博多人形師～小島与一～ 首位打者イチロー	2	資料の人物の生き方に対して自分の考えをまとめ表現しあい，他者と交流することでものの見方感じ方に違いがあることを知り，価値をとらえる。
1 2 3	総合単元Ⅲ 自他を大切にし支えあおう 2―(3)信頼友情 3―(2)生命尊重 言葉のおくりもの・命	2	資料に登場する3人の人物の言動に対して批判したり賛同したりして感じ方考え方を磨いたり，命の詩から作者の思いを表現し合い価値に迫る。

(2)　単元「夢に向かって努力しよう」の概要（2学期）

　1―(2)不撓不屈の価値内容で総合単元「夢に向かって努力しよう」を構想し，次のような指導計画のもとに道徳の授業を実践した。
○総合単元　夢に向かって努力しよう
○単元目標
・自分の目標を実現するためには強い意志や周りの支えが大切であること

がわかる。(道徳的理解)
・自分の人生を夢と希望を持って生きることすばらしさを感じ取ることができる。(感性)
・自分の目標実現のために自分なりの方法を考え努力しようとすることができる。(道徳的な態度)

〇単元の流れ
・7月国語「強く心に残ったことを考えながら読もう『ちかい』」東書5年
　話の組み立てを工夫し、5年生でがんばりたいことを理由と具体例を入れて伝えあう。
・11月道徳①「博多人形師～小島与一～」 大書5年 ※本時案は省略
　一度決めたらことは、困難や失敗にくじけずねばり強くやり遂げようとする。……与一の二つの心を心情図に表現させる言語活動と与一が迷いながらも最後まで努力続けられた訳について表現させる言語活動
・12月学級活動「夢の実現に向けて～家庭学習を見直そう～」
　家庭学習の仕方についての自己の課題に気づき、課題解決の方法を話し合い自分なりの解決方法を自己決定する。
・12月道徳②「メジャーリーガー・イチロー」 学研5年〈本時〉
　自分の目標を実現するためには、結果だけでなくプロセスも大切であることを理解し、より高い目標を立て努力し続けようとする。……資料を読んで感想を出しあいイチローのすばらしさを表現する言語活動と、すばらしいイチローを支えた心は何であったのか表現する言語活動

(3) 道徳②「メジャーリーガー・イチロー」の実践
〇目標：自分の目標を実現するためには、結果だけでなくそのプロセスが大切であることを理解し、より高い目標の実現に向けて日々努力しようとする意欲を高めることができる。

○展開

学習活動	教師の働きかけ
1　学級活動で決めた家庭学習についてのアンケートから本時の目当てをつかむ。	○家庭学習について自分が決めたことについての心のあり方を考えさせる。
めあて：目標を実現するために必要な心について考えよう。	
2　資料を読み感想を出しあう。 ・ベストをつくすために準備や練習を重ねたこと ・毎日父親と練習を続けたこと ・目標を立て努力することがすき	○資料を読んで心に残ったことや自分と比べすばらしいなと思うところをノートに書かせ，発表させる。
3　努力し続けるイチローを支えた心について話しあう。 ・目標実現への強い意志 ・高い目標への向上心 ・困難に立ち向かう根性 ・周りの協力や支えに対する感謝	○感想からイチローのすばらしさを観点ごとにまとめた板書を参考に支えた心を短冊カードに書き発表する。 ○短冊カードを観点ごとにまとめ小島与一の支えた心と比べられるように板書しておく。
4　小島与一やイチローの生き方でにている点や違う点について考え，まねたいところを発表しあう。 　◎目標を高く持ったところ 　◎困難に立ち向かう努力 　◎自分を信じる心	○二人の類似点や相違点を明確にし自己の生き方に取り入れたい心を表現させる。

(4) 実践の成果と課題（言語力育成を視点として）

実践1 「博多人形師～小島与一～」の言語力育成のポイントと成果

① 人物の心を心情図に色分けし，その理由を文章で書き，話し合いの中で音声表現することで言語力の育成を図った。成果として，心情を色分けすることで映像的な表現を行った後なので，自己の思いや考えが理由付けという問いに対して明確に表現することができた。ほとんどの子どもが，映像から言語に表現することができた。また，言語表現が苦手な子どもも，図式化によって「どうして○色がおおいのですか」と問いかけることで考えが明確になっていった。

② 資料の人物が望ましい価値を追求した行動ができた訳を短い文章で表現することで言語力の育成を図った。成果として，理由を文章化することで，自分の体験に照らして自己の考えや感じ方を明確にすることができ価値の内面化を図ることができた。

実践2 「メジャーリーガー・イチロー」の言語力育成のポイントと成果

① 資料の人物の望ましい価値を追求する行為を支えた心をカードに短いことばで表現させることで，言語力の育成を図った。成果として，行為を支えた心をカード化するための短いことばで表現することで，ことばに込められた意味を具体的に説明する言語力の育成とことばが持つ感性を感じ取る言語力が育成されたと考える。

② 資料の人物を支えた心から自分の生き方に取り入れたいことを文章表現した後に友達と交流することから言語力の育成を図った。成果として，支えた心を板書で提示し選択可能にしておくことで自分の体験と照らし，自分ののばしていきたいと思う道徳性を文章化することができる。さらに，他の人と交流しながら言語表現することで道徳的価値の自覚を高めることができた。

20

外国語活動で育てる言語力

体験的な活動を通して様々な言語と文化に触れさせ，コミュニケーション能力の素地を育成する。

高橋美由紀 愛知教育大学大学院教授

❶ 外国語活動における言語力育成の考え方

(1) 体験的活動を通してコミュニケーション能力の素地を育てる

　新学習指導要領において外国語活動は，5・6年生で週1時間，年間授業時間数各35時間で実施される。

　現代の子どもたちにおいては，他者理解や自己表現，社会との対話を目的とするための，「言語によるコミュニケーション能力の育成」が喫緊の課題となっている。また，グローバル化した現代社会での異文化共生の視点から，異文化理解（国際理解）や日本文化を発信するための能力を育成することも必要であるとされている。これらのことから，外国語活動は，児童に対して言語に興味・関心を持たせ，これを尊重する態度を習得させることを通して，また，国語と積極的に結びつけて，「国語力の向上にも資するもの」として導入されることとなった。

　外国語活動の目標は，「外国語を通じて，言語や文化について体験的に

理解を深め，積極的にコミュニケーションを図ろうとする態度の育成を図り，外国語の音声や基本的な表現に慣れ親しませながら，コミュニケーションの素地を養う」ことである（文部科学省，2008）。これは，以下の3つの部分から構成される。

① 外国語を通じて，言語や文化について体験的に理解を深める。
② 外国語を通じて，積極的にコミュニケーションを図ろうとする態度の育成を図る。
③ 外国語を通じて，外国語の音声や基本的な表現に慣れ親しませる。

これらの3つの柱を踏まえた活動を統合的に体験することで，中・高等学校における外国語科の学習につながるコミュニケーション能力の素地をつくろうとするものである（文部科学省，2008）。

この外国語活動の内容の要点としては，(1)日本と外国語の言語や文化について，体験的に理解を深めるための内容，(2)外国語を用いて積極的にコミュニケーションを図るための内容，とがあげられ，③の目標である「外国語の音声や基本的な表現に慣れ親しませる」ことは，(2)の日本と外国語の言語や文化について，体験的に理解を深めさせる内容の中に含められている（文部科学省，2008）。したがって，外国語活動は，コミュニケーション能力を育成するための教育の一環として行うことが，児童の言語力を育成することに直結している。このことを踏まえると，以下の点が外国語活動の言語力育成としてあげられる。

(1) 外国語活動は，児童が体験的な活動を通して外国語にふれ，その言葉のもつ意味，言葉の大切さに気づくことである。これは，彼らのメタ言語能力を芽生えさせることとなり，言語力育成には大切なことである。
(2) 外国語活動では，他者，とりわけ外国人と積極的にコミュニケーションを図ろうとする態度を育成することが可能である。

　一人一人の人間には様々な考え方があり，相互理解のためにはコミュニケーション能力が必要である。そして，コミュニケーションを図るに

は，ジェスチャー等の非言語的な手段も含めて，すべての言語力を用いて行うことが大切であると児童に理解させることができる。
(3) 外国語活動では，「言葉」と「言語文化」の視点から国語と積極的に結びつけることで，児童は，「国際共通語としての英語」を使用して，自己表現活動や言語コミュニケーション活動，異文化理解についての活動等ができる。そして，これらの活動を通して，児童は，言葉の面白さや豊かさに気づき，言語そのものに対する興味・関心度を高めることができる。また，異質な言語や文化に触れることで，日本語や日本文化の特性に気づくことができる。さらに，諸外国についての理解を深め，異文化共生のためだけでなく，日本について世界に発信する機会とすることができる。

(2) 外国語活動で言語力を育てる方法

外国語活動は，新学習指導要領では，「小学校段階にふさわしい国際理解やコミュニケーション等の活動を通じて，言葉への自覚を促し，幅広い言語に関する能力や，国際感覚や基盤を培うことを目的としている」とし，言語は，「英語を取り扱うことを原則とすること」と言及されている（文部科学省，2008）。

したがって，外国語活動では，第一に，他者とのコミュニケーションを円滑に図れる態度を養うための能力を育成することを目標とする。これは，中学校以降の英語教育にもつながる資質としても重要である。

コミュニケーションは，単なる情報や知識の伝達ではなく，お互いの感情を理解し合い信頼関係を築くことである。したがって，相手の気持ちを理解することや，相手が伝えようとしている意味を受け取ること，また，自己の思いを的確に表現すること，積極的に相手に伝えようとする態度等がすべて含まれる。そのために，コミュニケーション能力の育成には，言語だけでなく，非言語も含めた言語力までを総合的に考えることが必要で

20 外国語活動で育てる言語力

ある。具体的には，児童が，豊かな人間関係を構築するために言語や文化に対する理解を深める際には，彼らの特質を活かして，知識のみによって理解させるのではなく，異文化理解に関する活動や自己表現等の活動を体験的に行うことである。

　第二に，世界には様々な言語や文化があること，また，日本には国語や日本の伝統文化があることを児童に認識させることが必要である。そして，世界の人々とコミュニケーションを図るための手段として，国際共通語の存在があり，現在では，それが「英語」であることを認識させることが大切である。具体的には，以下のような活動を通して，児童に，言葉の豊かさや言葉の持つ意味，言葉の大切さ，日本語との違いなどに気づかせることができる。なお，この目的で筆者が作成した内容が図1である。

図1　世界の国のあいさつと文字（Sunshine Kids Book1:2-3）

201

① 世界の様々な言葉として，あいさつや感謝の言葉等の簡単な表現について，体験的なコミュニケーション活動を通じてふれる。そして，それらの言語が持つ特有の発音やリズム，ジェスチャー等を体感する。
② 世界の様々な「書き言葉でのコミュニケーションの手段である文字」が存在することを知り，漢字，アルファベット，アラビア文字，タイ文字（シャム文字），キリル文字（ロシア語）などに使用されている文字の由来等を知り，また，その違いに気づく。
③ 児童が慣れ親しんでいる外来語について，その言葉の由来や，正しい表現について知る。また，「Ikebana（生け花）」「Kimono（着物）」「Sumo（すもう）」「Sukiyaki（すきやき）」等，世界で使用されている日本語の語彙や表現について調べ，言葉への興味・関心を持たせる。

児童は，①から③のような外国語にふれる体験的な活動を通して，世界の人々，国や言語を認識し，また，普段日常生活で使用している日本語の特性に気づいたり，日本文化について発信したりするなどの機会とすることができる。

上記の点を踏まえ，外国語活動で言語力を育てる方法としては，「コミュニケーション活動を重視し，児童が体験的に言語と文化を学習すること」が望ましい。

外国語活動は小学校5・6年生で実施される。しかしながら，低学年，中学年の「特別活動」や「総合的な学習の時間」等で培ってきた言語力を育成するための活動を，高学年の「外国語活動」に繋げることで，低・中・高と一貫した指導ができ，外国語活動での言語力を育成する効果も高まる。

低学年：遊びを通して言葉にふれる活動

言語力育成には，言語に関する豊かな環境作りが必要である。低学年では，外国語と日本語の音を使って遊んだり，異質な音声を真似たり，さらに，日常生活場面で児童が「外来語」の言葉にふれる活動を行うとよい。

20　外国語活動で育てる言語力

　たとえば、簡単な英語の歌の一部を動作で表現したり、発話を真似たりする活動である。日本でもお馴染みのマザー・グース（Mother Goose）の歌で「ロンドン橋」「キラキラ星」等は、日本語で児童に親しまれているが、これらを使用して、「英語の歌」のリズムや音声を体験的に学ぶために、手拍子やゲーム、ダンスで遊ぶ活動を行う。

フルーツチャンツで、英語のリズムと音声にふれる活動を楽しむ児童たち

　また、「外来語」を使用した活動として、児童は、「ブック」「イエロー」「バイバイ」「サンキュー」等、日本語として使用している外国語の音声にふれる活動を行う。そして、日本語では、「本」「黄色」「さよなら」「ありがとう」という言葉があることを知る。

　さらに、身近な食べ物をあげて、「チョコレート」「ケーキ」「キャンディー」等のカタカナ表記と「ようかん」「おまんじゅう」「あめ」等が平仮名表記であることについて児童に「言葉」に対しての気づきを与える活動を行う。

中学年：言葉の持つ役割を通して外国語にふれる活動

　児童は、知的活動を通して適切に言語を使用することで、言語力が育成される。ここでは、「国際共通語としての英語」で言語力の育成を考える。

　中学年は、ローマ字を学習する時期であり、また、児童は簡単な英語で表現活動ができる年齢でもある。したがって、基本的な英語表現や、日本語と異なる表記文字について認識する活動、さらに、文化の違いについて体験的にふれる活動を行うことで、言語力を育成することができる。

　たとえば、ローマ字を使用して、アルファベット文字に親しむ活動として、「カルタ遊び」や「文字探しゲーム」を行うとよい。また、世界の

人々と友達になるための「手段としての言葉」を使用することを児童に認識させるために，「あいさつゲーム」「自己紹介ゲーム」等を行い，簡単な基本会話を使用して，友達と楽しく英語にふれる活動も効果的である。

高学年：外国語活動を通して言葉に慣れる活動

　言語力の育成を図るためには，言語に関する感性を磨くことや，他者とのコミュニケーションを図ること，日本語の文化的伝統の中で形成されてきた豊かな言語文化を体験したりする機会を持つことと言及されている（文部科学省，2008）。高学年では，外国語活動を通して，言葉にふれる活動から，言葉に慣れ親しむ活動へ繋げていくが，その際には，これまで児童が学習してきた国語の学習も取り入れることで，より言語力を高めるための相乗効果が図れる。

　たとえば，児童が，日本語と英語だけでなく，幅広い言語にふれることによって，英語が国際共通語であることを認識できる「世界のあいさつゲーム」を行う。

　このゲームは，「こんにちは」にあたる中国語の「ニーハオ」，ロシア語の「ズドラーストブィチェ」等から1つの言葉を覚えて，その国の言葉で友達とあいさつを交わす活動である。そして，あいさつを交わした言葉の国旗の下に友達の名前を書く。すべての国の友達とあいさつできたら勝ちとする。しかし，国際共通語である英語でより多くの友達とコミュニケーションが図れることも認識するゲームとするために，国の言葉と英語とで

国旗	中国	ロシア	フランス	韓国	アメリカ	ブラジル
友達の名前						

あいさつを交わす。最後に全員で共通語である英語を使用してあいさつをする。

また,「時差時計」を利用して,世界の友達に「現地の時間と,今していることについて国際電話で話す活動」を実施したりできる(pp.212-213)。さらに,日本の文化について発信できるように,「華道」や「茶道」について知り,たとえば古典的な華の生け方には「真,副,対」という言葉が使用されていることや,千利休の「四規（和敬静寂）七則」による精神があること等,日本の言語文化についても深める。

❷ 外国語活動における言語力育成の実践

(1) 低学年の目標と授業のアイデア

＜目標＞

児童に日本語以外の言葉（英語）や外来語等,言葉について,興味・関心を持たせ,言葉の豊かさや大切さに気づかせる。

＜授業のアイデア＞

① 英語を聞いて,リズムよく身体を動かそう

この活動は,児童が英語の異質なリズムや音声にふれるため,歌やチャンツを通して体験的に行う活動である。チャンツ（Chants）は,英語のリズムの強弱に合わせて歌う歌であり,児童が自然なリズムやイントネーションを習得するのに効果がある。

低学年の児童には,英語で発話させることよりも,英語のリズムやイントネーション,日本語と異なる音声に気づかせることが大切である。たとえば,図2の「ナンバーチャンツ」では,1～10の数を数えるごとに,①数字を指し示す,②数字が表記してある足跡を床に並べ,足を乗せる,といった活動を行う。

「セブンステップス」では,輪になって歌に合わせて,次の動作をする。

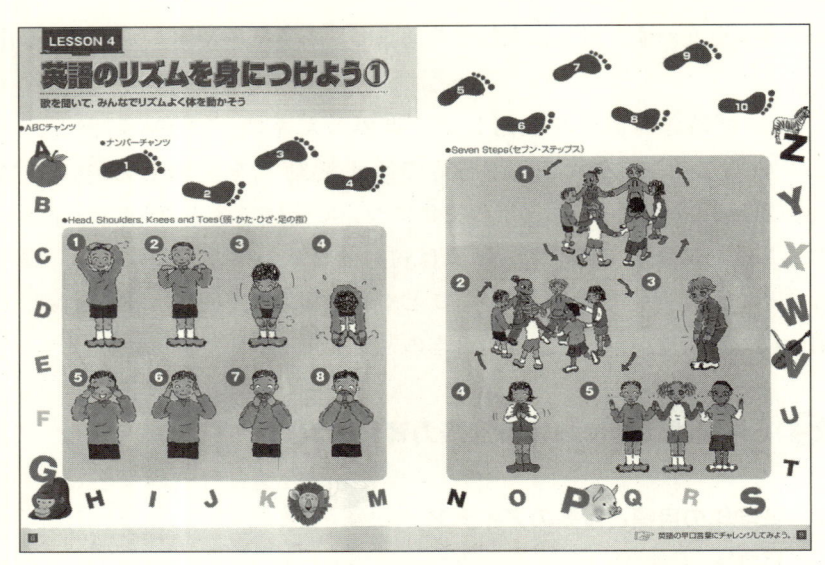

図２：ナンバーチャンツとセブンステップスの教材（Sunshine Kids Book 1 : 8-9）

①右に７歩,「１, ２, ３, ４, ５, ６, ７」とステップを踏みながら進む。英語で発話できる児童は英語で発話をしながら，発話ができない児童はステップを踏む動作だけを行う。②左に７歩進む。③膝を「１, ２, ３」と叩く。④手を「１, ２, ３」と叩く。⑤「１, ２, ３, ４, ５, ６, ７」と両隣の友達の手を叩く。

② 日本語として使っている身近なものの名前について知ろう

　この活動は，児童に自分の身の回りにある外来語に気づかせようとする活動である。さらに，日本語として「ひらがな」「カタカナ」の表記の持つ意味，言葉の豊かさ，外来語と英語の音声の違いなどについても知ることを目的としている。

　【外来語をさがしてみよう】

外来語を集めて，①家にあるもの，②学校にあるもの，③町にあるものに分ける。そして，外来語と日本語，それぞれどんな特徴があるのかを考えさせる。また，外来語の「ミルク」と英語の「Milk」，また，動物の鳴き声（牛）「モーモー」と「Moo, Moo」等を児童に聴かせ，日本語とは異なる音声に気づかせる。さらに，動物の鳴き声がある「Old MacDonald Had a Farm」の歌で，日米の言語文化の違いに気づかせることもできる。

(2) 中学年の目標と授業のアイデア

<目標>

体験的な活動を通して児童の言語感覚や思考力の基礎を養い，コミュニケーション能力を含めた言語力の育成に繋げる。

<授業アイデア>

① 簡単なあいさつをしてみよう

あいさつは，児童がコミュニケーションを円滑に図る際に，とても大切である。この活動は，国際共通語である英語を使用して，楽しくあいさつをするための言語表現と非言語であるジェスチャーを使用して，体験的にあいさつのしかたを学ぶ。児童は，自分の名前の言い方や，あいさつの表現の英語を知り，基本会話にならって自己紹介をする。

【歌で表現する初対面の人とのあいさつ】

（♪ Hello, nice to meet you !♪）

　Yuki：Hello. Hello. Hello. Hello. Hello. Hello. Hello. Hello.
　Yuki：I'm Yuki.
　Kenta：I'm Kenta.
　Yuki：Nice to meet you.
　Kenta：Nice to meet you too.
　Yuki & Kenta：Hello. Hello. Hello. Hello. Hello. Hello. Hello. Hello.
　Mike：Hello. Hello. Hello. Hello. Hello. Hello. Hello. Hello.

Mike：I'm Mike.
Lisa：I'm Lisa.
Mike：Let's be friends.
Lisa：Let's be friends.
Mike & Lisa：Hello. Hello. Hello. Hello. Hello. Hello. Hello. Hello.

　上記の歌は，筆者が作詞，作曲したものである。歌の中に，Hello が何度も繰り返されていることと，自己紹介，友達になろうという表現があり，児童は歌のメロディに乗せながら，対話表現も楽しく覚えることができる。

　② 食べ物の名前について覚え，外国の人と好みについて会話をしよう
　この活動は，英語で食べ物の名前が言えることと，自分の好みの食べ物を話したり（自己表現），相手の好きな食べ物について聞いたり（他者理解）すること，また，好き・嫌いについて友達とやりとりができることを目的としている。
【好きな食べ物について話そう】
　この活動はペアー（A・B）で行う。コミュニケーション活動を目的としたタスクの１つである，情報の格差（インフォメーション・ギャップ）タスクを使用する。インフォメーション・ギャップ・タスクは，対話者間において，お互いの情報が異なっている等，情報の格差を作り，実際のコミュニケーションを通して，その差を埋めるタスクである。
　①児童が食べ物をカフェテリア方式で選べるように，あらかじめ人数分だけ絵カードを用意しておく。②Aは，自分の好きな食べ物を，主食，副食，デザート，果物，飲み物の順に選んでトレーに並べておく。③Bは，Aに，主食，副食，デザート，果物，飲み物の好みを尋ね，Aが「好き」と答えたものをトレーに並べる。④Aが選んだものと，BがAに聞いて並べた食べ物とを比較し，お互いのトレーの食べ物が一致しているかどうかを確認する。この活動を通して，相手から必要な情報を引き出すこ

20　外国語活動で育てる言語力

とや相手に情報を正確に伝える等，児童にコミュニケーションを図る時の留意点に気づかせることもできる。

　次に，児童が自分の選んだ食べ物について，友達の前で，ショー・アンド・テル〔Show and Tell（児童が絵や実物等を見せて，話す活動）〕を行う。

（ショー・アンド・テルの例）

A：I like bread./I like hamburger steak./I like cake./I like bananas./I like lemonade.

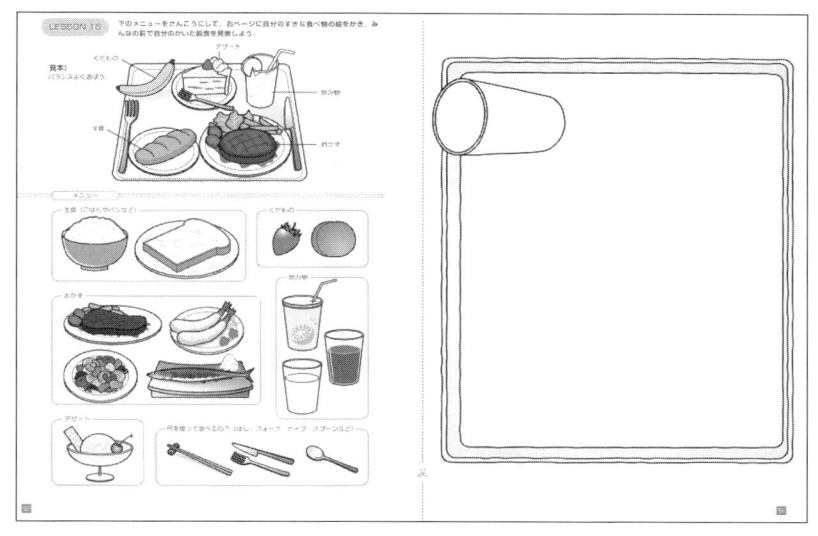

図3：食べ物とトレーの教材（Sunshine Kids Book1：58）

③　日本と外国の言語文化にふれよう

　日本と外国のジェスチャーについて，相違点について考える。たとえば，数を数える時に，日本では「親指から順に中に折る動作」をするが，米国やフランス，ベトナムでは，「握った指を親指から順に人差し指，中指と開いていく」という日本とまったく逆の動作を行う（高橋，山岡2002：

209

23)。日本の「おじぎをする」と英語圏の「握手をする」動作，また，日本の「いただきます」「ごちそうさまでした」にあたる言葉について，他の国にはどんな表現があるのかを話し合う。さらに，食事の文化として，①箸，②ナイフとフォーク，③箸とスプーン，④手を使う等，国による違いや，米とパン等による食べ物の違い等についても話し合うことができる。

(3) 高学年の目標と授業のアイデア
　＜目標＞
　他者理解，自己表現活動を通して，外国語に慣れ親しむ。また，日本の伝統的な言語文化に対して，体験的な活動を通して深める。
　＜授業アイデア＞
　①　教科科目の英語の言い方を覚えて，友人と会話をしよう
　この活動の目的は，世界の子どもたちがどんな授業科目を学習している

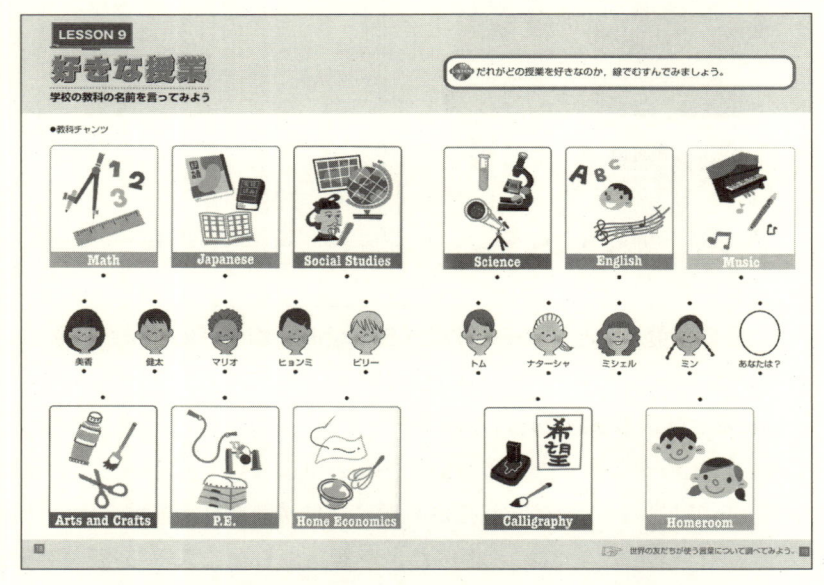

図4：人物と教科を結ぶ教材（Sunshine Kids Book2：18-19）

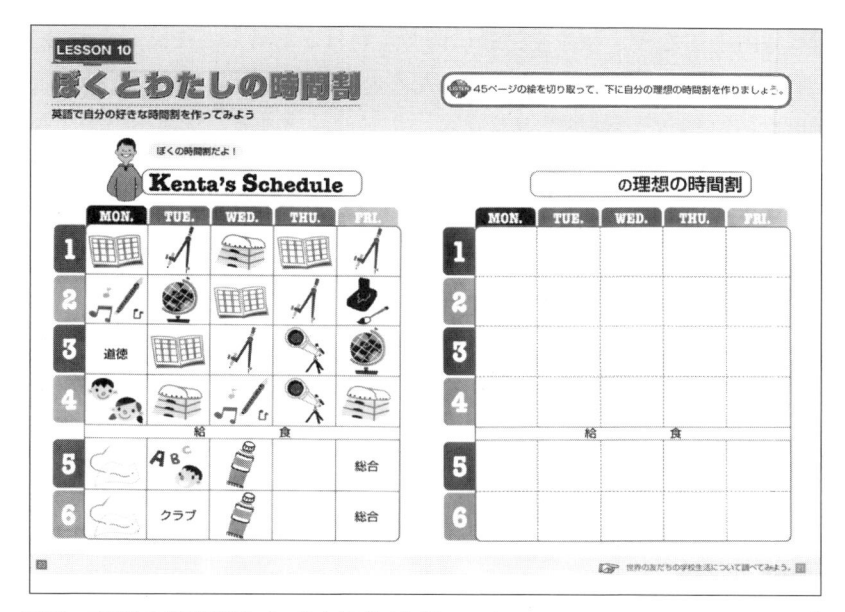

図5：理想の時間割を作成する教材（Sunshine Kids Book2：20-21）

のかを知ることと，教科の英語の言い方を知ることである。また，好きな教科，嫌いな教科について友人と話し，自分の考える理想の時間割について，ショー・アンド・テルで発表することを目的としている。

【英語で自分の好きな時間割を作成しよう】

児童が教科の英語の言い方を知り，また，理想的な時間割を作成することで，自分の好きな教科，嫌いな教科，自分の理想的な時間割の説明ができるようにする。

①教科チャンツを聴きながら，リズムに合わせて教科の絵カードか教科書を示しながら，英語での科目の言い方を知る。②キャラクターの人物がどの教科が好きかを，対話している文を聞きながら線で結ばせる。③世界の友達が学校で学んでいる教科を調べて，発表する。「イスラム教教育・道徳（マレーシア）」「コーラン学習（イラン）」「賢い生活（韓国）」「思想

211

品徳（中国）」など，宗教や労働に関する科目があることを話し合わせる。④自分の理想の時間割を作成させ，友人の時間割と比較して，なぜ，この時間割を作成したのかを発表させる。⑤グループで選んだ理想の時間割をショー・アンド・テルで発表する。

② 世界の友達が今何をしているのかを聞こう

時間の尋ね方や時差について，電話での応対のしかたを学ぶ。また，世界の友達の日常生活についての英語での言い方を知り，国際電話をかけて，「今していること」についてやりとりしながら，世界の友達の日常生活について理解し，自分の生活について相手に伝えることを目的としている。

ジェスチャー・ゲームで，現在進行形を使用して，友人に今していることについて英語で言えるようにする。また，「時差時計」と「世界地図」

図6：国際電話で話す状況と時差についての教材（Sunshine Kids Book 2：14-15)

を使用して，世界の友達に英語で今何時かを尋ねるやりとりをする。

①CDを聴いて，「私の一日」の時計を順番に目で追わせながら，時刻の言い方と朝起きてから寝るまでの「毎日すること」のジェスチャーをチャンツで行う（図7，I get up at 6：00, I have breakfast at 7：30）。②世界の友達に電話をかけ，現地時間についてのやりとりを英語でする。③世界の友達が，今何をしているのかを尋ねたり，自分のことを話したりする。

図7：1日の生活の教材（Sunshine Kids Book 2：8）

③　日本の伝統的な言語文化について紹介してみよう

　日本の言語文化を世界の友達に発信するために，児童にとって身近なものから，日本の代表的な伝統文化までを知り，絵や写真を使用して簡単な英語を使用して，ショー・アンド・テルで紹介する。また，日本と世界の関係を知るために，日本に紹介されている世界の文化について考える。

①児童に干支にまつわる話，家族の生まれ年の干支，今年の干支などについて調べ発表させる。②日本の昔話を，英語で伝える。③相撲，剣道，柔道等，ジェスチャーをつけて紹介する。④伝記や新聞・雑誌等を読んで，特定の人物について，印象に残っている言葉を紹介する。⑤「一期一会」等，茶道や華道，歌舞伎，能等で使用される言葉を知り，紹介する。⑥世界遺産や，アフリカ，中南米，アジア等の子どもたちについて調べ，紹介する。⑦オペラやバレエ等，発祥地や盛んである国について調べ紹介する。⑧「おおきなかぶ」や「ブレーメンの音楽隊」など，国語で学習した世界のお話について，著者や国について調べ，簡単な英語で内容を紹介する。

【参考：外国語活動の年間計画】

＜3年生＞

目標：児童に日本語とは異なる音声やリズムに気づかせ，英語でコミュニケーションをするという意欲を持たせる。

月	学習内容	時数	言語力育成との関連
4	英語で話してみよう	2	Hello, Goodbye 等，児童が日常生活でよく耳にする英語を，理解し，発話する。教師の指示する簡単な英語，Let's play a game．Let's sing a song 等について，聴いて理解する。
5	こんにちは	2	初対面の人と英語であいさつできるように，簡単な自己紹介のしかたを学ぶ。 A：Hello．I'm Mike．Nice to meet you． B：Hello．I'm Yuki．Nice to meet you too．
6	英語のリズムになれよう	3	How are you？ I'm fine thank you．Goodbye．等の簡単な日常会話をする。歌やチャンツを使用して，英語のリズムに慣れ親しむ。
7	あたまにタッチ	2	体の部位についての英語を知り，児童に発話を急がせないで反応はタッチで返すことにする。「Head, Shoulders, Knees and Toes」の歌や「サイモンセッズ・ゲーム」で楽しみながら体の部位についての英語を覚える。
9	数えてみよう	2	英語で，動物を数えながら1～10，トランプで1～13の数の言い方を知る。歌やチャンツで，英語のリズムに慣れ親しむ。
10	動物	3	身近な動物と，鳴き声についての英語を知り，日本語との違いに気づく。動物が鳴いた数を数え，英語で言う。
11	今日は月曜日	3	Today is Monday．のように，日直当番が曜日を英語で言えるようにする。
12	色	2	red, blue, pink, green 等，児童が日常生活で使用している色の言い方を英語らしく発音できるようにする。
1	りんごを5個下さい	2	果物の英語の言い方をチャンツで覚え，また，banana 等，外来語が日本語の発音と異なることを知る。
2	買い物ごっこ	2	May I help you？ Three apples, please．等，買い物ごっこに使用する簡単な表現を覚え，友達と楽しく買い物ごっこをする。
3	春の祭り	2	これまでの復習として，「自己紹介」「曜日と色の卵にタッチゲーム」「卵を○個下さいゲーム」等を通して，言葉とジェスチャーを使用してコミュニケーション活動を行う。

20　外国語活動で育てる言語力

＜6年生＞

目標：体験的な活動を通して，英語に慣れ親しみ，中学校の英語教育へ繋げるためのコミュニケーション能力の素地をつくる。また，日本文化を発信できる能力を育成する。

月	学習内容	時数	言語力育成との関連
4	世界に広げよう友達の輪	3	世界の言語について知る。また，アルファベットの文字に興味を持ち，身近にある文字を読んだり，写したりする。
5	いくつあるかな？	3	数字（1～100，500，1,000）を英語で言えるようにして，How many ～？ のやりとりができるようにする。
6	数や形で遊ぼう	4	形の言い方を覚えて，算数のクイズに英語で答えたり，ゲームをする。
7	世界の行事について知ろう	3	月や季節の名前を英語で覚えて，世界の行事について知る。日本の行事（七五三，子どもの日等）について，発信できるようにする。
9	できること，できないこと	3	自分のできること，できないことを伝える。世界の子どもたちのことを知り，途上国の子どもたちに自分たちができる援助を考え，グループで発表する。
10	今何をしているの？	3	様々な動作について，ジェスチャーを交えて話す。また，時刻の言い方を復習して，今何をしているところかを話す。
11	好きな授業	4	学校の教科の名前を英語で覚えて，好きか嫌いか等のやりとりをする。自分の理想の時間割を作成し，発表する。
12	世界の友達に日本文化を話そう	3	肌の色，髪の毛，何語話すか等をはじめとして，世界の友達の特徴を語る。日本文化を知り，その特徴について語る。
1	みんなの将来の夢は？	3	いろいろな職業の言い方を覚えて，友達と何になりたいのかについて話す。
2	世界の友達にメールを送ろう	3	これまでに学習した英語を使用して，教師の作成した見本，写真，絵を使用して，簡単な英語で自分についてのEメールを書く。日本文化の写真に簡単なコメントをつける。
3	スピーチをしてみよう	3	これまでに学習した英語を使用して，はじめに，Kenta君のスピーチを聞き，自分のスピーチを考える。次に，自分のことについて，ショー・アンド・テルでスピーチを行う。

引用・参考文献

文部科学省　2008『小学校学習指導要領解説外国語活動編』東洋館出版社

高橋美由紀ほか　2001・2002『Sunshine Kids Book 1／2』開隆堂

高橋美由紀　2009『これからの小学校英語教育の構想』アプリコット

21 総合的な学習の時間で育てる言語力

体験内容を他者へ説明する活動を通して学習内容の理解を深める。

.... 森田和良　筑波大学附属小学校教諭

❶ 総合的な学習の時間における言語力育成の考え方

(1) 体験したこと・学んだことを他者に説明する場を設定する

　「総合的な学習」では，体験活動を通して問題解決の能力を育て，自分の生き方について考える。この学習において言語力の育成にかかわる活動としては，活動内容を紹介するプレゼンテーション，活動をまとめるレポート作り，活動から学んだことを具体的な活動を通して紹介するワークショップなどが考えられる。

　このような言語力を育成する活動は，体験内容を「説明する活動」と捉えることができる。「総合的な学習」では，自分が体験したこと・学んだことを他者に説明する活動（説明活動）を設定することが，言語力を育成するのに適した活動になると考える。

(2) 説明活動の3つのタイプ

「説明」には3つのタイプがある。「自己説明」,「他者説明（相互交流なし）」,「他者説明（相互交流を前提にした）」である。

① 自己説明

学習した内容，知り得た内容を自分自身へ説明する活動である。この活動には,「理解の不完全な部分を推論によって埋める」効果と,「誤ったメンタルモデルを修正できる」効果がある。「自己説明」タイプの活動には, 活動したことを本にまとめる「図鑑づくり」「マニュアルづくり」, 活動を報告する「新聞づくり」「レポートづくり」, わかりやすい「モデル図」を活用する説明等の活動が考えられる。

② 他者説明（相互交流なし）

説明者が一方的に相手に説明するという形だけの活動。このような説明では，テキストの記述を超える説明は行われない。学習効果の少ない説明場面には，このタイプの活動が多い。

③ 他者説明（相互交流を前提にした）

学習に先立って「学んだことは，他者に説明する」ことを伝えて行う他者説明。「教授期待」が高まるとともに，他者の学習への責任を感じるので，学習への関与が高まる。自分が理解することへのこだわりも高まる。

他者へ教えるために，「模型・写真パネル」を活用しての解説, ガイド形式の解説, クイズを活用した解説, 教え合い活動,「発表会・プレゼンテーション」による解説,「モデル実験・モデル図」を活用した解説などが考えられる。

説明活動には，他者の理解を想定したり，説明を補助する小道具を使用したり，相手との相互交流を図る技術なども必要になる。また，失敗体験から学ぶ教訓も説明を洗練させる。言語力を育てる活動にするためには,「自己説明」を経て，相互交流のある「他者説明」へと活動を構成することが望ましい。

❷ 総合的な学習の時間における言語力育成の実践（5年）

(1) 活動名 「未来館ジュニア・インタープリター」

(2) 活動のねらい

　学んだことを人に教える・伝える活動を行うことで，学んだ内容をより深く理解できる。その効果をさらに強化するために，学校外の活動の中で，学んだことを人に教える場を設定した。それが，「未来館ジュニア・インタープリター」の活動である。

　児童は，何度も日本科学未来館（江東区）を訪れ，そのたびにプロのインタープリターから助言をもらい，展示内容の理解に努めた。また，相手にわかりやすい工夫を考え，仲間同士で解説内容を吟味し，妥当性にも十分に注意を払った。そして，自分がわかる言葉で解説することに努めた。これは，言語力育成をめざした「説明活動」を柱にした総合活動である。

(3) 活動の概要

　① 日本科学未来館の見学（4月）

　日本科学未来館を訪問し，自由に展示を見学して，自分が解説したいテーマを選ぶ。選んだテーマについてインタープリターの解説を聞き，内容の理解に努める。

　② 調べ学習（4月～7月・夏休み）

　自分が選んだ展示・テーマについて，調べ学習を行う。必要ならば個人的に未来館を見学する。解説に必要な資料を集めたり，小道具を作ったりして，解説の準備をする。ここで，わかりやすい解説のノウハウを教師がていねいに指導することが大切である。

　③ 学校でのリハーサル（9月）

　調べ学習をもとに台本を作り，パネルや模型などを作る。それらを使っ

21　総合的な学習の時間で育てる言語力

て解説のリハーサルをする。ここでは，同じテーマの友達を相手に解説をするので，互いに厳しい質問が出る。解説内容の吟味を行う。この活動後に解説内容・小道具などの修正を行った。

④　未来館でのプレゼンテーション（10月）

異なるテーマを選んだ2～3のグループでローテーションしながら，展示の前で1人ずつ解説をした。保護者も参観。聞き手に理解しやすい解説に努めた。解説後には，「良かった点」「感想」などをコメント用紙に記入し，互いに交換し合って相互評価とした。

(4)　活動のポイントは，相手がわかるための工夫

専門用語を自分がわかる表現に"翻訳"する

この活動を進めるには，最先端の科学に関する知識が必要である。しかし，大量の知識を覚え込むだけでは，わかる解説はできない。専門用語を使えば，確かに科学的には妥当な説明にはなるが，聞き手が，その知識を理解できるとは限らない。聞き手は様々なレベルの知識状態にある。したがって，まず自分がわかる，つまり，小学校5年生が理解できる言葉で，自分がわかるように説明することが大事である。いくら専門用語を駆使して正しく説明しても，自分がよくわからない言葉では，相手の納得は得られない。自分が1つ1つのしくみや原理をよくわかっていないと，相手がわかるように解説することはできない。だから，資料を調べる活動だけでは終わらない。獲得した知識を自分で納得するように構成し直す必

要があるのだ。

　そこで，大事になるのが，「モデル」の導入である。自分の中でよく理解している内容をモデルにして，最先端の科学を自分のわかりやすいたとえに置きかえて理解する。つまり，科学的な説明を自分の言葉に翻訳し直すことが必要になる。この翻訳が可能になったとき，その現象やしくみの意味が理解できるのである。それが，科学のより深い理解につながる。

科学を実感できる"ものづくり"

　ここでの解説には，可能な限り模型やモデル図などを導入した説明を行うように指導した。それは，よりよくわかるための手だてだからである。さらに，その模型や図なども自分たちで作製することを勧めた。

　科学の特徴をどのような"もの"で表現するか，その子どもの感性が表出する。また，"もの"を作ることを通して，実際の仕組みや動きの意味なども実感できるだろう。"ものづくり"を通した"実感を伴った理解"も，この活動で育成できる。

質問は相互交流には必須の活動

　解説後には聞き手から質問が出る。これに対してその場で臨機応変に対応する能力が求められる。質問に答えることは自身の本当の理解が出る。自身の理解の深さが試されるので，理解状態のモニタリングにもなる。

　解説前に質問を想定し準備することは，自分が納得するために1つ1つの言葉を調べ，理解できた表現を選択するという言語感覚も磨かれる。

　さらに，このような状況に児童が置かれることで，いかに自分の学んだことが生きて働くかを聞き手の反応を通して自己評価できる。また，他者との相互交流によって自分の学びを見つめ直すことも可能になる。

　このように，質問場面は重要な場なので，相互交流が活発になるように指導することが重要なポイントになる。

(5) 発表後の児童の感想

相手にどう伝わったのかが気になる

　発表の中で、よく考えてみたらわからないことがあり、未来館の人に電話して聞いたら、ようやくわかった内容がありました。その内容をみんなに説明するときは、自分がわからなかった時のことを思い出して、その自分に向かって説明するように心がけました。また、この研究をして深海と浅海で違うことに、太陽光が深く関わっていることを強調していったのですが、相手にどのように伝わったのか知りたいです。

専門用語は自分のわかる言葉に置き換えて

　今回、DNAの発表をして一番感じたのは、用語の言いかえは、よく考えると簡単なことだということです。私は、DNAの研究の中で気に入っているところは、「DNAは命の計画表、人や動物の一生の計画表」というところです。いくらDNAの正式名称は「デオキシリボ核酸」だと言われても、頭の中では全く想像がつきません。でも、「DNAは一生の計画表だ」ということを言われれば、自分の体の中にもDNAが働いているのだということが実感できます。最初、調べ始めたときは、私も専門用語は全くわからなかったので、専門用語を自分のわかる言葉に言いかえて、スケッチブックに書き込んでいました。DNAは、よく考えればとても単純で想像しやすいことを知ってもらえれば、私としてはとてもうれしいです。私たちが発表の中で言いかえたオリジナリティのある言葉を気に入ってくれたら、大成功です。

22

特別活動で育てる言語力

「和（チームワーク）と輪（ネットワーク）」の構築をめざす特別活動の充実と言語力の育成は不即不離の関係にある。

....**新富康央**　國學院大学教授

❶　特別活動における言語力育成の考え方

(1) 言語力と特別活動とのかかわり

　特別活動においては，「話すこと，聞くこと」が従来，重視されてきた。学級活動，児童会・生徒会活動，学校行事などすべて，特別活動の主要な部分は，「話すこと，聞くこと」である。今次の学習指導要領改訂でも，「書くこと」を含めて「なお一層」の言語力育成が謳われている。以下は，言語力育成協力者会議「言語力の育成方策について（報告書案）」（平成19年8月）からの抜粋である。

(1) 学校や学級における生活上の問題を，言葉や話し合いを通して解決する活動を一層重視する必要がある。

(2) 人間関係や集団生活の形成に必要な言語力を育成するため，協同の目標のもとに行う同年齢や異年齢による言葉の交流活動を一層重視することや，自分や他者の多様な考えをよりよい方向へまとめていくよ

うな力を育成することが重要である。
(3) 学級会や児童会・生徒会など様々な会議の方法について，国語科で学習した内容を体験的に理解したり実践したりできるようにすることが考えられる。
(4) 実生活や実社会で役立つ言語力を育成するため，あいさつや言葉づかいの啓発活動を重視することや，地域との交流活動，児童会・生徒会と地域の人々との合同会議などを実施し正しい敬語の活用など言葉によるコミュニケーションを促すことが期待される。

(2) **特別活動における新たな意味づけ**

　特別活動に関しては，言語力育成の「より一層」の重視の方向を打ち出している以外には，それほど大きく内容は変わってはいない。しかし，言語力育成に関する意味づけは，時代の要請を受けて大きな変化が見られる。
　総じていえば，言語力育成を通して，特別活動がめざす「和（チームワーク）と輪（ネットワーク）」の構築といえよう。新たな意味づけとは，主に次の2点である。①相手を思いやる心と，②市民性の育成である。

①相手を思いやる心の育成：体験活動と言語力育成
　今次の学習指導要領改訂のキーワードの一つが，「体験活動と言語活動の充実」である。体験と言語の結びつきについては，誰もが認めるところである。児童・生徒の体験活動の乏しさと言語力の貧困さとの相関は，しばしば話題とされる。読解力の低下も，児童・生徒の文章の行間を読み取る力の欠如が，その原因の一つである。文章の行間を読み取るためには，漢字の読み書きなどの「国語科力」だけでは対応できない面がある。言語力の総体としての「国語力」の育成が必要なのである。それは，各登場人物等の心のひだに触れることのできる共感力ともいえる。すなわち，共感しながら読み解くという，他人を思いやる優しさが必要なのである。

「真の」読書活動とは，「優しさを持たなければできない活動」とも言いかえることができる。「他人を思いやる優しさ」は，どこから来るのか。その主要なものの一つが，特別活動における「望ましい集団活動」を通して得られる，他に寄り添い，共感する心である。体験活動を通して，子どもは他者理解を求め，そして，深め，相手の持つ「よさ」を知る。今次の新学習指導要領・特別活動改訂の社会的背景の一つには，これがある。

②市民性の育成：ライフ・スキル指導と言語力育成

　特別活動は，これまでも社会力や社会的実践力の育成とのつながりが強調されていた。人種のサラダボウルといわれるアメリカにおいては，特別活動という領域は設定されていないが，学校教育の諸活動を支えるものとして重要視されている。なぜならば，公共性に基づく市民性の育成は，この国にとって国づくりの基盤だからである。あいさつのしかた，席の譲り方，他者への謝り方など，市民性育成にとって必要なものは，コミュニケーションスキルの指導を含めて，ライフ・スキル育成プログラムの中に取り入れられている。ライフ・スキル育成は，家庭や地域社会の教育力の低下に伴って，わが国においても重要課題となってきた。そこで，スキル指導は，今次の学習指導要領・特別活動における改訂課題となったのである。

> 「構成的グループ・エンカウンター，ソーシャルスキル・トレーニング，ピアサポートなど好ましい人間関係やよりよい集団性を形成するのに必要なスキルを学ぶ場を適宜設けることが望ましい。」

　今日，心の教育（道徳）に止まることなく，心に響く教育（体験活動を伴う特別活動）へと発展させることが課題とされている。道徳面での「心の耕し」をさらに充実・発展させて，子どもたちの実際の生活場面での人間関係の構築を図る特別活動の実践化が望まれている。（参考文献：新富編著『小学校新学習指導要領の展開・特別活動編』明治図書，2008年）

❷ 特別活動における言語力育成の実践

(1) ミクロな実践手法例：ライフ・スキル指導

　今次の学習指導要領改訂においては，特別活動では特に，カウンセリングの視点に立った「構成的グループ・エンカウンター」などの実践的手法の導入に関心がもたれている。具体的には，①ブラインドウォーキングに代表される「構成的グループ・エンカウンター」，②ロールプレイングに象徴される「ソーシャルスキル・トレーニング」，③仲間（peer）を支援（support）する活動を相互に経験することによって，「自己有用感」を獲得すると同時に，自ら進んで他者とかかわろうとする意欲や必要な能力を培う「ピア・サポート」などが挙げられる。

　それらは，「意図的にあるグループ作業を行わせ，ここで感じたことなどを率直に話し合うことにより人間関係を形成するために大切なことを理解させる方法」（『小学校学習指導要領解説特別活動編』第4章・第2節）なのである。それはまた，特別活動の今次改定における，言語力の育成強化の証左でもある。指導上の配慮点としては，「活用する場合においては，<u>日常の生活と関連付けながら，集団での話合いを通して</u>，個人の目標を決定し，個人で実践するなどの指導方法の特質を十分に踏まえて活用する必要がある」（同上，編，下線筆者）とされている。これらは，児童・生徒の学校における生活場面に戻して，あるいは実際場面に即して，実践的に取り入れなければ，単なる架空のゲーム感覚で終わってしまう。それでは実践的な効果は，ほとんど生み出せない。この点をしっかり押さえて，指導して欲しい。

　たとえば，いじめ問題や学級の「荒れ」などに対応して，ある期間集中して実践することにより，「学級活動(2)日常の生活や学習への適応及び健康安全」について，仲間を誘うスキルなどの「社会的スキルを身に付けるための活動を効果的に取り入れる」（同上，編）など，考えられる。

(2) **マクロな実践手法例：学校・地域ぐるみの取組み**

　言語力の育成において特別活動では，とりわけ「書くこと」の実践が課題とされている。そこで，学級活動，生徒会活動等での話し合い活動の場面において，付箋紙やメモックに「書くこと」を取り入れることにより，生徒の取組みの主体化をより強固なものとした，佐賀市立金泉中学校での「絵で見る元気あふれる学校展」の取組みを，ここでは紹介したい。

　平成21年1月26日～2月1日，金泉中学校の生徒たちが地域住民と合同して，自分たちの描いた風景画展を県庁内で開催した。絵の一枚一枚には，校長，教師，保護者からのコメントが寄せられていた。

　本実践は，美術の授業に始まり，生徒理解につながる特別活動を経て，学校づくりへと発展したものである。金泉中の教育目標は，生徒に活躍の場を与え，そのがんばりを認める「出番・役割・承認」である。

　美術教師の川島源次郎先生は，絵を通して，生徒たちの知られていない側面を感じ取った。たとえば，元気がよすぎて叱られるA君が，葉の一枚一枚まで繊細に描く。自分への自信が持てないでいるBさんが，大胆な構図で描く。担任教師も驚いた。これは，学校づくりに広げるべきと考えた。2週間ごとに選者を代え，一枚一枚に「花まる」コメントをつけて，展示を始めた。生徒の目の輝きを生んだ。そこから，生徒同士，生徒と教師間に心の交流も起き始めた。「金泉には空と樹木と大地がある」（川島先生の授業メモ）。スケッチ会のテーマも「（古里）金泉を描く」に決めた。

　「生徒会本部の○○です。全校生徒の皆さんにお知らせとお願いがあります」。この活動は，ついに学校から地域へと発展し，全校あげての「承認カード」の取組みが始まった。生徒たちは，承認コメントに多くの人がコメントを書いてくれることによって，自分にはわからない「よさ」を知ろうとする。「絵で見る元気あふれる学校展」応援実行委員会も結成された。各学級では，近所住民へのチラシが配布された。名づけて「向こう三軒両隣広報活動」。校内放送活動に止まらず，地元テレビ局での宣伝活動

も実施された。まさに特別活動における言語活動の特質を象徴する「(外に向けて)ひらく・ひろげる」コミュニケーション活動である。それは，教科内容をどれだけわかりやすく説明できるかを問う各教科等の「まとめる」タイプとは別種のコミュニケーション能力(言語力)の育成である。

「3年間の中でいちばんがんばった僕がいた」「先生方の承認の言葉を聞いて，どれだけ想ってくれているかわかってとても嬉しかった」「自分の伝えたいことが伝わっていて嬉しかった」「自信をもって『僕の作品だ』と言えた」「その人の心がわかるのだと気づきました」「心の中にある『温かさ』を知り，『相手のよさ』をどんどん見つけていきたい」「先生からの承認の言葉がいちばん苦労して描いた所で，がんばってよかったなぁと思った」「みんな一人一人がいいところがあるということが，すてきだと思います」「もっとよくしようという気持があれば，もっといい絵がかけるんだなぁと思いました」。これらは，生徒の「スケッチ大会の振り返り」カードからの抜粋である（原文のまま）。生徒たちは，他から認められる喜びを実感している。本実践は，言語力育成により学級・学校そして地域の「和と輪」を構築した特別活動の一例といえる。

　言語力育成とのかかわりにおける本実践の特色は以下の点にある。
(1) 実践報告が比較的少ない，生徒理解に結びついた中学校の特別活動の実践である。しかも，小学校における学級づくり，学校づくりに向けた学級活動や児童会活動にも，十分に使える実践である。
(2) 言語活動を柱とした教科と特別活動との連携のモデルケースである。
(3) 今次の学習指導要領改訂で，「学校行事」における「学芸的行事」が「文化的行事」に変更された。その活動内容は，①平素の学習内容の発表と，②文化や芸術に親しむ活動である。本実践は言語力育成を柱とした「文化的行事」のあり方の提示し，新分野を開拓してくれた。
(4) 1節「(1)言語力と特別活動とのかかわり」で前述した，言語力育成に関する4つの事項が，本実践では，全面的に実践化されている。

第 *3* 部

本書の読み方：実践に生かすためのガイド

23
実践に生かす考え方：
本書全体の結びとして

本書の論考を振り返り，「学校全体の言語環境」「語彙力」「メタ言語能力」「授業案の作成」などの観点から取り組みの指針を解説する。

……………………………………… 甲斐睦朗　国立国語研究所名誉所員

❶　実践的な取り組みの案内

　本書は，全国の小中学校で新学習指導要領に則って正当な言語力を育てる授業に取り組むための参考書になるように編集した。新学習指導要領は学校教育全般にわたって言語力を育成することになっているので，特に国語科だけでなく主要教科でも実践的に役立つ手引きとしてまとめ上げるようにした。幸いにも最適の執筆者にお願いすることができた。本章では，国語科については結びの5節で取り上げ，原則として国語科以外の教科の論考に基づいて，言語力を育成するための実践的な取り組みについて解説をしてみたい。なお，本書所収の論文から何らかの事項を紹介する場合は，たとえば「岩田論文（社会科，11章）」のように表示する。これは，社会科の言語力を論じた第11章の岩田一彦氏の論文という意味である。こうした大切な指摘を総合することによって本格的な言語力の育成が可能になるということができる。

❷　学校の言語環境を整える

　学校全体で言語力を育てるためには，何よりも校長以下すべての教職員が言語力育成のあり方について理解し各自が共同で努力しようとする自覚を抱かなければならない。教職員全員がと述べた。教職員全員としては，互いのあいさつ，地域社会とのあいさつ，子どもたちとのあいさつをはじめとして日々の言語生活をどのように明朗かつ豊かに過ごすかが懸案となる。そういった自覚については，本書では特に項目を立てていない。しかし，そうした言葉による人間関係構築の意識こそが言語力の基礎として働いている。このことは教員全員だけであっても十分でない。実は，保護者全員を動員して言語力育成に立ち向かうように協力し合う必要もあるのである。

　たとえば，第10章の執筆者の興水かおり氏の率いる東京都港区立青南小学校は学校の敷地に植えられているすべての樹木にプレートを用意し，樹木名とその樹木を詠みこんだ俳句・作者名を掲示している。これは当校が「降る雪や明治は遠くなりにけり」で有名な中村草田男の出身校であることに関係している。校内の樹木には必ず植林されたいわれがあること，また，そうした記念樹には，それらを詠みこんだ詩歌があることを知らせたいという保護者の願いが関係している。「植林されたいわれ」とは，植樹に際して，どういう意図や願いがあってその樹木を選んだのかという意味である。樹木のそれぞれには，植えた当時の人々の学校へのあつい気持ちが込められていたはずだという意味である。しかし，全国の各学校の多くは，樹木は立派に育っているが，「いわれ」は忘れ去られてしまう。そこで，樹木を詠みこんだ俳句をプレートに刻んで掲げることで，それぞれの樹木に興味や関心を向けようとしている。これは，学校の言語環境の整備の一つということができよう。私は，国語辞典で取り上げられている動植物については，もしも二者択一でなければならないとしたら，生物学的な

記述よりも，奈良時代に始まる言語文化的な記述が必要ではないかと思っているが，まだそうした言語文化を優先的に記述した国語辞典が編集されていない。

閑話休題，学校の言語環境の整備の問題としては学年新聞や学級新聞，文集などをはじめとして，学校放送，図書館の整備，廊下や階段の踊り場などの掲示物の工夫などが考えられよう。

❸ 語彙力をつける試み

新学習指導要領では，言語力を支える知識・情報の一つとしての語彙力の育成を強調している。本書でも，巻頭の梶田論文や国語科の論文をはじめとしていくつもの論考が語彙育成の問題に言及している。学校教育で育成すべき語彙としては，大きく次の4種が挙げられる。

(1) 思考や認識にかかわる使用言語の育成
(2) 各教科の専門用語の理解
(3) 価値・評価にかかわる語彙の習得
(4) 語彙力全体の育成

以下，順に紹介してみよう。

第一は岩田論文（社会科，11章）が小見出し「言語力育成にかかわる使用用語」を掲げて「記述，解釈，考えたこと，説明，推理，判断，論述，価値判断，予測」という用語を指摘している。これらの用語を教師が十分に理解して教室に下ろし，すべての学習者に十分にわからせる必要がある。岩田論文では，類義語である「推理・判断・予測」の各語の違いを具体的に理解させる手立てを詳述していて，参考になる。

第二は各教科の専門用語の習得で，森田論文（総合的な学習，21章）の小見出しに「専門用語を自分がわかる表現に"翻訳"する」という指摘がある。この「翻訳」は「まず自分がわかる，つまり，小学校5年生が理解

23 実践に生かす考え方：本書全体の結びとして

できる言葉で，自分がわかるように説明する」「獲得した知識を自分で納得するように構成し直す」と説明している。言語力の育成を全教科等で育成することになったこともあって，それぞれの教科等で必要とする専門用語はそれぞれの教科等できちんと理解させる必要がある。その仕組みを森田論文が具体的に指摘している。これらの専門用語について髙倉論文（音楽科，15章）でも「音楽で使う用語（楽語）の習得，理解」について具体的に説明している。それぞれの教科が責任をもって自らの教科の専門用語の理解をはかることが大切であろう。なお，特に小学生用の国語辞典としては，各教科の専門用語を見出しに取り上げて活用できるように説明している辞典が必要であろう。

　第三は評価や価値判断にかかわる用語である。近年，「ほめる」行為の重要性が指摘されているが，その「ほめ」をどのような言葉で表現するかが問題である。たとえば流田論文（家庭科，17章）に「指導者はそれら（文章化した学習の総括やまとめなどの）すべてに目を通し，一人ひとりにコメントを加える」というきめ細かな手当てが指摘されているが，そのコメントに用いる用語をどのように体系付けるかが大切になってくる。この問題は，たとえば報告書や観察記録をはじめとする学習者の「書くこと」の結びの表現のあり方に関係している。

　第四は，語彙一般の拡充である。たとえば栗原論文（体育科，18章）は「感情や情緒を適切な言葉として表す語彙の習得と同時に，言葉を体で表すための語彙（動き）を増やすことも考えたい」と述べている。また，松田論文（生活科，14章）は「たとえる」学習の大切さを指摘し，郡司論文（図画工作科，16章）はオノマトペという用語を用いて，「視覚や触覚をはじめ，からだ全体の感覚を拠り所にした言語活動」について具体的に説明している。

　以上，語彙力の育成のあり方について数編の論文を引いて少し解説を加えてきた。

❹　メタ言語能力の育成

　かつてある会合で「メタ言語」「メタ認識」などという用語に話題が集中したことがある。それは，小学校の英語の是非を論じる中で，英語を小学校教育に導入すればメタ認識力が育つという発言があったからである。「メタ言語」「メタ認識」などという用語は学校教育にはまだ普及・定着できていないが，その内実は国語科をはじめとして十分に指導がなされているという意見がでた。しかし，英語科はいかにも「メタ言語」「メタ認識」の指導に力を発揮することになる。「メタ認識」の出発点は，わかりにくい言葉に目を向けて，その意味や用法などを他の情報に基づいて分析的に考察することで，言葉の意味としては上位語・下位語，外来語，抽象語などの理解の面で働く能力である。角屋論文（理科，13章）は，「❺理科の問題解決過程におけるメタ認知」という小見出しを立てて，「メタ認知」について「(理科の観察・実験において)たえず自分の学習状況を把握し，次の活動を調整する力」と説明している。次に，高橋論文（外国語活動，20章）は，小学校英語活動の新設にかかわる意欲的な論考で，「外国語活動の言語力育成」として，(1)言葉の意味や大切さに気づくというメタ言語能力の涵養，(2)外国人と積極的にコミュニケーションをはかろうとする態度の育成，(3)言葉のおもしろさに気づくことから，日本語や日本文化の特性に気づく，という三つの項目を掲げている。

❺　言語力育成の指導案の作成

　この節では，まず国語科の論考に基づいて体系的系統的に整備された指導案を紹介することにしたい。尾崎論文（国語科全般，4章）は副題「単元を構想した授業づくり」に明らかなように国語科の授業の単元構想が具体的に記述されている。特に「❹単元を構想した授業づくり」では「導入

23　実践に生かす考え方：本書全体の結びとして

学習から学習課題を設定」をはじめ授業過程を具体的に記述している。

次に，邑上論文（話すこと・聞くこと，5章）は，「話すこと・聞くこと」についての「学年別の目標と言語力育成の方法」を一覧表にまとめ，4年生の「年間指導計画例（35時間）」を提示したうえで，単元「話し合って決めよう」の指導計画を用意し，特定の1時間について「本時の展開」を詳しく紹介している。

次に，青山論文（書くこと，7章）は優れた論考である。ここでは四つの項目だけを取り上げる。第一は，❶の「②『五つの意識』で単元を構想する」で，内容・目的・相手・場・活用の五つの意識を指摘している。第二は，「④書くための基礎体力づくり」という提案である。「基礎体力」という用語は今後，授業研究の重要語になるであろう。第三は作文を「時系列作文」と「因果律作文に」に分けて，「因果律作文」の必要性を指摘している。そして，第四は，「書くこと」について第三学年の年間指導計画例（85時間）を具体的に提示していることである。

次に，文学的文章を取り上げた松木論文（読むこと，7章）は，「学年別の言語力の育て方」に関して小学校全学年の「授業のアイデア」を提示している。続いて3年生の年間計画を例示したうえで，あまんきみこの「ちいちゃんのかげおくり」の授業を具体的に紹介している。

次に，論理的説明的文章を取り上げた吉川論文（読むこと，8章）は，学年段階の指導の重点化について櫻本明美（1995），難波博孝（2006）の各論文を踏まえた系統を掲げたうえで，特に中学年の説明的文章の年間計画を提示している。中でも「年間計画作成上の留意点」などは傾聴すべき見方である。「具体と抽象を結ぶ読み」の①〜③は，これからの説明的な文章の学習指導を推進するうえで参考になるであろう。

次に，小学校で強調されている伝統的な言語文化を取り上げた棚橋論文（言語文化，9章）は，「❷言語文化（古典）の授業実践」でまず「学年ごとの年間活動計画例」を低，中，高学年別に掲げたうえで，高学年の狂言

「附子」の実践を提示している。

次に，言語事項全般を取り上げる興水論文（言語事項，10章）は，「各学年における言葉の特徴やきまりに関する事項」を一覧にまとめたうえで，学年ごとにそれぞれの言語事項の扱いについて具体的に指摘している。特に「表現の工夫に関する事項」について「第5学年及び第6学年」の指摘は，軽く扱いがちな言語事項の大切さに気づかせてくれるであろう。

次に，本書の第二部の論文から再び社会科，理科の2編を取り上げることにしよう。

まず，社会科における言語力に取り組む岩田論文（11章）は，小学校段階から高等学校段階までの言語力育成の系統化について，次のように整理している。

  小学校段階：観察・見学事象の表現，「なぜ」と問いながらの活動
  中学校段階：問題・仮説・検証過程の表現，「なぜ」と問いながらの
    活動
  高等学校段階：自己の判断根拠の表現，「なぜ」と問いながらの活動

このような高校までを視野に入れた試案はきわめて貴重である。岩田論文は，次に4年生の「学習課題に組み込んだ言語力指導場面」の年間計画表を提示したうえで，「特徴的な指導事例」を具体的に解説している。本論文は，社会科の授業を構想するうえで指針となるものと期待される。

次に，角屋論文（13章）は，言語力の育成を目指した教科指導に取り組む教室で大いに参照すべき論考ということができる。特に小学校の理科の学習指導ではそのまま活用できるが，他の教科において，また，国語科においても，その見方・考え方が重要な指針になるであろう。特に，図1「問題解決過程の流れ」は，多くの教科で応用できるものである。

本章は，年間学習計画，授業計画などを考えるうえで，本書の各論考がどのような指針となるかについて少し言葉たらずではあるが，具体的に指摘しようとした。本書の当該の論文を参照していただければ幸いである。

■執筆者一覧　（執筆順）

梶田叡一	兵庫教育大学学長
甲斐睦朗	国立国語研究所名誉所員
加藤　明	京都ノートルダム女子大学教授
尾崎靖二	交野市立私市小学校校長
邑上裕子	新宿区立落合第五小学校校長
青山由紀	筑波大学附属小学校教諭
松木正子	お茶の水女子大学附属小学校教諭
吉川芳則	兵庫教育大学大学院教授
棚橋尚子	奈良教育大学教授
興水かおり	港区立青南小学校校長
岩田一彦	兵庫教育大学大学院特任教授
清水静海	帝京大学准教授
角屋重樹	広島大学大学院教授
寺本貴啓	広島大学大学院院生
木下博義	広島大学大学院講師
松田智子	環太平洋大学教授
髙倉弘光	筑波大学附属小学校教諭
郡司明子	お茶の水女子大学附属小学校教諭
流田　直	十文字学園女子大学教授
栗原知子	お茶の水女子大学附属小学校教諭
塚本憲子	朝倉市立立石小学校校長
高橋美由紀	愛知教育大学大学院教授
森田和良	筑波大学附属小学校教諭
新富康央	國學院大学教授

■編者紹介

梶田叡一（かじた・えいいち）兵庫教育大学学長

1941年生まれ。京都大学文学部哲学科（心理学専攻）卒業。国立教育研究所主任研究官，日本女子大学助教授，大阪大学教授，京都大学教授，京都ノートルダム女子大学学長などを経て現職。中央教育審議会副会長，初等中等教育分科会会長。文学博士。専門の自己意識心理学研究のほか，多面的な教育研究にも精力を注ぐ。
おもな著書に，『自己を生きるという意識』（金子書房），『新しい学習指導要領の理念と課題』（図書文化），『教育評価』（有斐閣），『和魂に学ぶ』（東京書籍），『自己意識の心理学』（東京大学出版会）など。

甲斐睦朗（かい・むつろう）国立国語研究所名誉所員

1939年生まれ。広島大学教育学部卒業，神戸大学大学院文学研究科修士課程修了。愛知教育大学教授，国立国語研究所所長，京都橘大学教授などを経て現職。文部科学省言語力育成協力者会議委員，中央教育審議会国語専門部会主査，文化審議会国語分科会委員。専門は国語学，国語教育。
おもな著書に，『読み解き源氏物語』（明治書院），『言語力を育成する学校』（編著，教育開発研究所），『小学新漢字辞典』『小学新国語辞典』（監修，光村教育図書）『ことばの力を身につけるおもしろ体験ワーク』（監修，明治図書）など。

「言語力」を育てる授業づくり・小学校

2009年9月10日　初版第1刷発行　[検印省略]

編著者Ⓒ　梶田叡一・甲斐睦朗
発行人　村主典英
発行所　株式会社図書文化社
〒112-0012　東京都文京区大塚3-2-1
TEL 03-3943-2511　FAX 03-3943-2519
振替　00160-7-67697
http://www.toshobunka.co.jp/
装幀　中濱健治
組版　松澤印刷株式会社
印刷　株式会社厚徳社
製本　合資会社村上製本所

JASRAC　出0907908-901
ISBN978-4-8100-9542-5 C3337
乱丁・落丁本の場合はお取り替えいたします
定価はカバーに表示してあります

つめこみ－ゆとり論争を越える，学校本来の使命とは
新しい学習指導要領の理念と課題
——確かな学力を基盤とした生きる力を

梶田叡一（兵庫教育大学学長・中教審副会長）著　　A5判●本体2,000円＋税

改訂のキーパーソンが語る，新学習指導要領の核心。「言語力・確かな学力・生きる力」の有機的な連関を明らかにする。

新学習指導要領で求められる「活用力」をどう育てるか
「活用力」を育てる授業の考え方と実践

安彦忠彦（早稲田大学教授・中教審委員）編著　　A5判●本体1,600円＋税

新学習指導要領において特に重視される「活用力」育成のための授業を，どのような考え方に立ち，どのように計画・実践すればよいのか。学習指導要領改訂関係者や先駆的な実践者による分担執筆。

新学習指導要領における習得型授業のありかたを提案
「教えて考えさせる授業」を創る
——基礎基本の定着・深化・活用を促す「習得型」授業設計

市川伸一（東京大学大学院教授・中教審教育課程部会委員）著

学力差がある現実の教室を前提に，どの子にも充実感と達成感が感じられる授業をどうつくるか。　　　　　　　　　　　四六判●本体1,400円＋税

図書文化

※定価には別途消費税がかかります